JN251198

for tomorrow
未来への歴史

日本憲法史

八百年の伝統と日本国憲法

小路田泰直
KOJITA Yasunao

かもがわ出版

はじめに

かつての敵国アメリカとの軍事同盟を強化するために、それがそのかつての敵国から占領下に強制された憲法だとの理由で、日本国憲法の改正をしようとする動きが、今強まっている。何とも奇妙な動きであるが、その志向をもつ国会議員の数は、衆参両院でゆうに過半数を越えている。彼らが憲法改正に着手しようとすれば何時でもできる状況が続いている。戦後七〇年を経て、ようやくアメリカに一矢報いるためにそうしようというのであれば分からないでもないが、アメリカの同盟者、しかも目下の同盟者になるためにそうしようというのには、釈然としない国民も多いのではないだろうか。

当然多くの国民は迫り来る改憲に危機感を覚え、今、ついぞ忘れていた「立憲主義」という言葉をもち出して、護憲の叫びをあげ始めている。とりわけ安倍（晋三）内閣が憲法解釈の変更による集団的自衛権の行使容認に踏み切って――「安保法制」の提案、制定――以来その声は高まり続けている。

ただ改憲の足音も高まり続けている。しかも安倍内閣は、どうも憲法第九条を変えるだけでなく、「立憲主義」という考え方そのものを葬り去ろうとしているのではないかとの疑いが増してきている。安倍内閣が憲法改正を言い出すにあたって、まずは次の憲法第九六条の改正から始めようとしたことに、それは現れている。

第九六条　この憲法の改正は、各議院の総議員の三分の二以上の賛成で、国会が、これを発議し、国民に提案してその承認を経なければならない。この承認には、特別の国民投票又は国会の定める選挙の際行はれる投票において、その過半数の賛成を必要とする。

2　憲法改正について前項の承認を経たときは、天皇は、国民の名で、この憲法と一体をなすものとして、直ちにこれを公布する。

衆参両院の三分の二以上の賛成がなければ発議できない憲法改正を、それぞれ過半数の賛成で発議しうるようにしようというのである。確かに「国民投票」という一般の法律にはないハードルはあるが、その改正がなされれば、憲法は原理的には時の国民の過半数が賛成すれば何時でも改正できる法律になってしまう。そして時の政権党は､通常国会の過半数を制し､国民の過半数の支持を得ているから「国民投票」というハードルは必ずしも高くない。それは憲法から「最高法規」という名の特別性を奪い､「立憲主義」という考え方そのものを破壊してしまいかねない動きである。

だから安倍内閣が九六条の先行改正を言い始めた時、従来の護憲派に加えて、第九条改正には賛成の小林節氏（憲法学者）のような人たちまで､反対に立ち上がったのである。そもそも「立憲主義」とは、時々の議会多数派によって作られ、つくり替えられる通常の法律の上に、たとえ議会多数派であってもそう簡単にはつくり替えることのできない、安定した法の支配を置く考え方のことだからである。

かつて大日本帝国憲法を制定したとき、その制定者であった明治天皇は、憲法の本質について次のように述べていた。

皇朕《わ》レ謹《つつし》ミ畏《かしこ》ミ皇祖皇宗ノ神霊ニ誥《つ》ケ白《もう》サク、皇朕レ天壌《てんじょう》無窮《むきゅう》ノ宏謨《こうも》ニ循ヒ惟神《いしん》ノ寶祚《ほうそ》ヲ承継シ旧図ヲ保持シテ敢テ失墜スルコト無シ。顧ミルニ世局ノ進運ニ膺《あた》リ人文ノ発達ニ随ヒ、宜ク皇祖皇宗ノ遺訓ヲ明徴ニシ、典憲ヲ成立シ条章ヲ昭示シ、内ハ以テ子孫ノ率由《そつゆ》スル所ト為シ、外ハ以テ臣民翼賛ノ道ヲ広メ永遠ニ遂行セシメ、益々国家ノ丕基《ひき》ヲ強固ニシ、八州民生ノ慶福ヲ増進スヘシ。茲《ここ》ニ皇室典範及憲法ヲ制定ス。惟《おも》フニ此レ皆皇祖皇宗ノ後裔ニ貽《のこ》シタマヘル統治ノ洪範ヲ紹述スルニ外ナラス。（『憲法義解』）

それは「皇祖皇宗ノ遺訓」、「皇祖皇宗ノ後裔ニ貽シタマヘル統治ノ洪範」であって、決して現代の君主である自分が自由に制定したものではないと。プロイセン憲法の模倣であるという実態は百も承知の上で、こう述べていたのである。「立憲主義」とは、今この社会を生きる者にとっては、容易につくったり、つくり替えたりすることのできない法の支配を意味することを、明治天皇はよく理解していた。

しかし今日の改憲派は、現在の国民の多数派が望めば、如何なる憲法改正を行おうとそれは自由だとの考え方に基づき、憲法改正を訴えている。だから第九六条の先行改正といったことも考えるのである。だがそれは「民主主義」的ではあっても「立憲主義」的ではない。

だから彼らのいう通りに憲法改正が行われれば、それは確実に、単なる改正に止まらない。「立憲主義」の否定につながるのである。

ただそこで問わなくてはならないのは、「立憲主義」というのは、どの程度深く日本社会に定着した考え方なのだろうかということである。さして深く定着していないのなら、それが今更なくなっても、さほどの影響はない。

事実アジアの国々においては「立憲主義」は必ずしも一般的ではない。形の上でさえ「立憲主義」をとらない国も幾つかある。北朝鮮がそうだし、中国がそうだし、ベトナムがそうだ。それらの国は社会主義国だからそうなのだと考える人もいると思うが、こと中国に限っては、それは間違っている。八ヶ代美佳氏の研究（『近代における「改革」と「革命」――北一輝、そして孫文を素材に』）によれば、中国は、一九一一年の辛亥革命以来、一度も「立憲主義」を目指したことがない。中華民国建国の父孫文の目指した国制は、毛沢東が目指した国制と同じ一党独裁制であった。一九一一年に誕生した中華民国と今の中国との国制上の違いは、国民党と共産党の違いだけである。中国は社会主義の影響を受ける以前から、一党独裁制の国家であって「立憲主義」国家でなかったのである。

そして日本もアジアの一国である。だから日本においても、「立憲主義」はさほど深くは社会に定着していないということもあり得る。

しかも大方の常識では、日本における「立憲主義」の伝統は短い。確かに、我々の知っている「立憲主義」は幕末維新期に日本に入ってきたものだ。最初は公議政体論として、次いで自由民権思想として。それがようやく大日本帝国憲法体制として定着したのは、実に一八八九年、一九世紀末になってからのことであった。それから現代まで、わずか一二〇年ほどしか経っていない。確かにその伝統は短いといえば短い。イギリスにおける「立憲主義」の伝統が、マグナカルタの制定された一二一五年以来、実に八〇〇年に及ぶものであることを考えると、比べ物にならないくらい短い。そういった点からも、日本において「立憲主義」はさほど深く社会に定着していないのではないかとの答えはありうる。安倍政権の人たちにとって追い風となる答えだ。

しかしはたしてそうだろうか。私は必ずそうでもないような気がする。そこでその問いに答えを出すために、ここでは、この国における「立憲主義」形成の歴史を鎌倉時代にまで遡ってトレースしてみることにする。故に本書の表題も「日本憲法史――八百年の伝統と日本国憲法」とした。

ただしそれは一般の常識からは大きく外れる。一般の常識は、憲法や「立憲主義」といったものは、近代西洋の産物であり、日本は明治維新後、ただそれらを継受しただけだというものだからである。それを如何なる意味でも日本の歴史の中にルーツを持つものだとは考えていないからである。

だから憲法の本質を論ずる時にも、日本の歴史をフィールドにそれを論じようとする人などいない。

継受法はどこまでも継受法であり，その本質を論じようと思えば、その生まれ故郷（欧米）の歴史や社会をフィールドに論ずるのが適当だからである。だから第一次安倍内閣の憲法改正の動きに危機感を抱いた多くの憲法学者がこぞって、二〇〇七年に『岩波講座　憲法』全六巻を編纂したときも、研究対象にしたのは大方が欧米の「憲法状況」であって、日本の「憲法状況」ではなかった。ましていわんや、日本の憲法史などではなかった。全六巻に掲載された六四本の論文の中で、日本憲法史に直接言及した論文は次の三本だけであった。

加藤陽子「大日本帝国憲法下の戦争指導」（第六巻）
高見勝利「実定憲法秩序の転換と「八月革命」言説」（第六巻）
安念潤司「日本国憲法の意義と運営」（第六巻）

これが常識である。だから日本における「立憲主義」の歴史を論ずるのに、鎌倉時代にまで遡るなどというのは、およそ常識はずれということになるのである。
ただ私には、この常識が逆に馴染めないのである。確かに「立憲主義」という言葉は明治維新以前に遡らない。しかし同様の考え方や、同じ意味を表す言葉はそれ以前にもあったのではないか。例えば本書でとりあげる「道理」のような。だからこそ幕末維新期に大挙して流入してきた西洋近代法の数々を、当時の日本人は、たちどころに日本語に置き換えることに（翻訳）成功したのではないか。そう思うのは文化的対応関係のないところに翻訳は成立しないと考えるからである。

そしてもう一つ、そもそも歴史を、先進国の歴史と後進国の歴史の対比の中で捉えることをナンセンスだと思うからである。先進国が何百年も前に経験したことを、後進国は何百年後かに経験するなどといった発想は、およそナンセンスである。

どんなに国情が違っていても、世界は同時に歩み、ほぼ同時に同じことを経験する。それは今も昔も同じである。今スマートフォンが「先進国」であろうと「後進国」であろうと、世界中どこででも使われている様を見ればわかる。だから逆に、世界の一角にその時代の人類の抱えた矛盾を解決する方法が生まれると、たちまちそれが世界中に広がり、同時にその方法が生まれた地の中心化——裏返せば他地域の周辺化——が進むのである。この世界に存在するのは先進と後進の対比ではなく、中心と周辺の対比なのである。

しかし、だとすれば、西洋人が徐々に「立憲主義」なるものを生み出し、そのことを通じて世界の中心に躍り出ようとしていた時、それと対応する何らかの営みが、ユーラシア大陸の反対側の国、日本で生まれていたとしても、それはおかしくない。後でも述べるように貿易では、早くから世界はつながっていたのだから。ならば一九世紀になって「立憲主義」そのものが日本に入ってきた時、その入ってきた「立憲主義」と、その既に生まれていた何らかの営みとの間に、一定の連続性が生じたとしても、それはおかしくはなかった。

だから私には、上記の常識が馴染めないのである。そしてどこまでも日本における「立憲主義」の歴史を継受法の歴史としてではなく、日本憲法史として描く必要を感じるのである。

そしてそう思った時、西洋における「立憲主義」の歴史が、とりあえず一二一五年のマグナカルタの制定から始まっているのだとすれば、日本憲法史も、丁度それと対応する時代、鎌倉時代から始めるのが当然と思えてくるのである。

もくじ

●

日本憲法史——八百年の伝統と日本国憲法

第一章

「民主主義」とは何か、「立憲主義」とは何か

「立憲主義」と「民主主義」の相違

のっけからの引用で申し訳ないが、戦前期日本を代表する憲法学者の美濃部達吉が、一九三〇年代初頭、次のようなことを述べている。

代議制の国家の本質に関する旧来の自由主義の思想は、仮令其の中に貴重な倫理的の価値を含んで居るにしても、之を再び貫徹することは望み難い。それであるから政党国家を離るる為には大衆的民主政治から脱出するか又は之に打勝つの外はない。それには「平等主義」の民主政治を貴族化して首領寡頭政治に変化せしめ、以て無責任なる政党組織及び政党の背後に匿れて居る一層無責任な勢力に代ふるに、独立な随つて責任ある指導者を以てせしむることも思考し得べき所であり、又それが既に発達の端緒に在るとして居る者も少くない。(『憲法と政党』)

「旧来の自由主義の思想」に基づく「代議制」、「大衆的民主政治」からの「脱出」を強く訴えているのである。確かに、五・一五事件によって政党政治が暴力的に葬り去られた後に公表された文章なので、強いられた発言かもしれないが、それにしてもこの「旧来の自由主義の思想」に基づく「代議制」の否定には、真剣さが感じられる。

ではその「旧来の自由主義の思想」に基づく「代議制」、あるいは「大衆的民主政治」とは何か。それは人の自由、平等を前提に成り立つ民主主義制度、代議制民主主義のことである。
「立憲主義」者美濃部達吉は「民主主義」には極めて懐疑的だったことが分かる。そしてそれはその論敵、穂積八束とても同じであった。彼は「政党政治」を次のように「少数」もしくは「首領一人」の独裁を生む仕組みと難じ、それから立憲制を守るために、三権分立の必要を説いたのである。

議院の運用は多く政党に依る。政党なる者は独立独歩して投合するものなれども、その実は多数を以て少数の行動を検束する団体たり。多数以て少数を検束すと謂う、是れ亦実は虚名のみ、その真相は正に相反し、僅々少数幹部の意見、即ち党議として全党員を拘束するが力を有するのみ、その最訓練ある者に至りては、首領一人の意志即ち絶対の党議となるに足る。是れ君主制に帰着するに非ずして何ぞや。(『憲政大意』)

そして三権分立こそ立憲制の本質だとした。穂積も「民主主義」には否定的であり、「立憲主義」には肯定的だったのである。それぞれ「立憲主義」というとき、何に重きをおくかは違っていたが。
戦後我々は長く「立憲主義」という言葉を忘れてきた。何かあると「民主主義」という言葉を多用してきた。だから何となく「立憲主義」と「民主主義」とは同じ概念だと思っている。しかし戦前を生きた憲法学者たちにとっては、それらは密接に関係してはいるが、異なる概念であった。概ね「立憲主義」

は肯定されるべき概念として、「民主主義」は否定されるべき概念として認識されていた。

そしてそのことに、つい最近我々も気付いた。久方ぶりに国会で絶対多数をほこる強力な政権、安倍内閣が誕生し、その内閣が公然と憲法改正をいい始めたからである。もしかしたら本当に憲法改正が行われるかもしれないという状況が生まれたからである。「民主主義」を建前にしている限り、もはや護憲派に憲法改正を阻止する力はないかも知れない。多くの人がそう思い始めた瞬間、護憲派の人々の脳裏に「立憲主義」という言葉が浮かんだのである。「立憲主義」をもち出せば憲法改正は阻止できるかもしれない、そう思ったからである。

そして「立憲主義」と「民主主義」が概念上分離した。二〇一五年夏、安倍内閣の提案した安保法制に反対する運動に立ち上がる中で、護憲派の人々は、急速に「民主主義」よりも、「立憲主義」という概念に、親近感を覚えるようになっていったのである。

では「民主主義」とは何で、「立憲主義」とは何なのか。まずは概念の整理から始めることにしよう。

「民主主義」誕生のきっかけ

日本国憲法の前文に次のような下りがある。

そもそも国政は、国民の厳粛な信託によるものであつて、その権威は国民に由来し、その権力は国民の代表者がこれを行使し、その福利は国民がこれを享受する。これは人類普遍の原理であり、この憲法は、かかる原理に基くものである。

「国政」を「国民の代表者」が「行使」し、その「福利」は「国民」が「享受」する仕組みを「人類普遍の原理」と謳い、今後日本の政治はその「人類普遍の原理」に基づいていかなくてはならないとしている。

まず素直に考えて、この日本国憲法において高らかに謳われた「人類普遍の原理」こそが「民主主義」であった。それほど複雑な仕組みではない。人が代表を通じて話し合い、話し合いを通じて何事も決定していく仕組みのことである。日本国憲法はそれを、人類の長年にわたる「専制と隷従、圧迫と偏狭」に対する戦いの成果と受け止め、理想化している。

ただ、この理想化は歴史家としてはいただけない。それは既に「民主主義」が定着した時代の人々の、後付けの理想化であって、実際に「民主主義」を生み出してきた時代の人々の感覚とはずれるからである。

例えば、「民主主義」の理論的な土台といえば「社会契約論」だが、それを最初に生み出した一七世紀のイギリス人、トマス・ホッブスは、その主著『リヴァイアサン』において、まず人の能力の本質的平等を説き、次いでその故生まれる人の欲望の平等を説き、その欲望の平等と社会的生産力の有限性との矛盾から「万人の万人に対する闘い」の起こる必然を説き、それを避けるためにということで、社会契約の必要を説いたのである。人が平等である社会の悲劇から、社会契約の必要を説いたのである。これが「民主主義」が生まれ出ずる時代の人々の感覚であった。

そしてその感覚のリアリティーは、次の、ホッブスよりも少し後の時代の人、一七世紀末から一八世紀初頭にかけて活躍した日本の儒者、荻生徂徠の身分制擁護論とひき比べてみる時よく分かる。

上下ノ差別ヲ立ル事ハ、上タル人ノ身ヲ高ブリテ下ヲ賤ムル意ヨリ制度ヲ立ルニハ非ズ。総ジテ天地ノ間ニ万物ノ生ズルコト各其限リアリ。日本国中ニハ米ガ如何程生ズル、雑穀如何程生ズル、材木何程生ジテ何十年ヲ経テ是程ノ材木ニ成ト言ヨリ、一切ノ物各其限リ有事也。其中ニ善キモノハ少ク、悪モノハ多シ。依之衣服・食物・家居ニ至ル迄、貴人ニハ良物ヲ用ヒサセ、賤人ニハ悪モノヲ用ヒサスル様ニ制度ヲ立ルトキハ、元来貴人ハ少ク賤人ハ多キ故、少キモノヲバ少キ人用ヒ、多キモノヲバオヽキ人ガ用レバ、道理相応シ無行支、日本国中ニ生ズル物ヲ日本国中ノ人ガ用ヒテ事足ル事也。(『政談』)

徂徠は、あらゆる物の生産力の限界から、身分ごとの倹約の必要をいい、それによって「日本国中ニ生ズル物ヲ日本国中ノ人ガ用ヒテ事足ル」状態をつくろうとしていたのである。同じ状況を見て、徂徠は身分制（倹約）擁護の必要を語り、ホッブスはその不可能を語ったのである。そしてそれが不可能との認識を社会契約論の形成につなげたのである。二人を比較してみると、「民主主義」が極めて悲観的な社会認識を前提に誕生した思想であったことが、よりリアルに分かる。

そして、ホッブス同様の悲観的社会認識は、日本を明治維新に導き、この国に立憲政体を導入するきっかけをつくった人たちにも共通していた。

例えば代表的な開国論者として知られ、幕末越前（福井）藩主松平慶永に仕え、勝海舟や坂本龍馬にも多大の影響を与えた横井小楠は、彼がなぜ開国論を唱えたかの理由について、その主著『国是三論』において次のように述べていた。

「太平年久敷《ひさしき》に随ひ驕奢《きょうしゃ》に成り行く」現代において、「大節倹を行ふて衣食住を初不益を省き有用を足す事」など、決して求めてはならない。もしそんなことを求めようものなら、それが客観的にいって、どれほど正しく、ものの需要と供給のバランスを考えた賢明な政策ではあっても、たちまち「奢侈已に気習となつて」しまった人々の反発を買い、何か「困難苛酷の新法」でも出したかのような誤解を招き、「士庶上下の人気険悪鄙野に落入て、四維を以て治めがたき」状況を生んでしまう。ではどうしたらいいのか。もし社会の安定を望むのなら、「奢侈已に気習となつて」しまった人たちの欲望の満足を買うことを先にしなくてはならない。そのためには、「日本国中ニ生ズル物ヲ日本国中ノ人ガ用ヒテ事足ル」状態を守ろうとするのではなく、まずは高い生産力を実現し、「日本国中ニ生ズル物」の限界の方を外に拡張しなくてはならない。そのためには「開国」し「富国強兵」政策をとるしかない、と。

横井に「開国」や「富国強兵」政策を、それが人の理性にかなった正しい政策だから推し進めるべきだとする考えは全くなかった。むしろ、人の欲望の抑え難さに対する諦めから、彼はそれを推し進めようとしたのである。その感性は、社会契約論を生み出したホッブスの感性と似ていた。

あるいは、横井小楠以上に維新変革に大きな思想的影響を与えた水戸学の祖、藤田幽谷の展開した「富国強兵」論も、ホッブスや横井と同じ感性に依っていた。『勧農或問』他の著述で、彼は次のように述べていた。

「富国の本務は勧農に在て勧農の政先づ五弊を除くにある」。「五弊」とは「一に侈情二に兼併三に力役四に横斂五に煩擾」の弊のことである。人々がおごり贅沢になっていくことの弊。人が贅沢になると身代を持ち崩し土地を失う農民が増えるので、一方で土地の兼併が進行することの弊。そして土地を手放す農民が増えると、年貢負担農民が減少するので、かろうじて没落を免れた農民に対する力役や年貢の負担が益々重くなっていくことの弊。そしてその結果人民と国家（藩）の信頼関係が損なわれ、滅多矢鱈と法令が乱発されるようになり、法令への信頼が失われていくことの弊、の「五弊」である。

しかしこの「五弊」を取り除くのに、根本的な原因から取り除こうとして、まず人の奢侈を禁ずることから始めたりしてはならない。理論的に考えれば、一、二、三、四、五の順番でそれを取り除くのが正しいが、そんなことは絶対にしてはならない。そんなことをしようものなら、たちまち人々の反発をまねき、改革そのものを台無しにしてしまうからである。「先づ最初に侈情を矯むべきか……侈情の禁じたき事、勿論なれども此勢にて中々禁じても益なかるべし」だからである。

ではどうすればいいのか。「仁政を施さんとならば却て先づ第五の弊より手を下して第四第三第二第一の弊倒さまに除く」というのが正しいやり方である。まずは法令を乱発したり、人民に対して苛斂誅求を行うことをやめ、次に土地の兼併をとりしまり、最後に奢侈を抑制していかなくてはならない。なぜならば、「先づ仁徳を以て万民の歓心を得貧富共に心服せざれば事を成ことあたはず」というのが人の世の常であり、「万民の歓心」をかうためには、次の如く、まず人に「道徳仁義」を説くよりは、人に衣食の満足を与えること（「功利」）の方が先決だからである、と（『勧農或問』）。

古よりまさに大いになすあらんとするの君は、必ず功を立て利を興して、以て子孫の業を貽《のこ》し、当世の名をなさんと欲す。しかるに後世の儒者は、徒らに道徳仁義を談じて、功利を謂ふを諱《い》み、富国強兵は、黜《しりぞ》けて覇術となす。……殊に知らず、上古、聖人の道を立て教を設くるや、利用・厚生は、正徳の先に在りて、六府・三事、これを九功と謂ふを。孔子の政を論ずるも、また兵を足し、食を足し、民をしてこれを信ぜしむるを以て先となせば、すなはち聖人の功利に汲々たること見るべし。（『丁巳封事』）

大事なことは、「先づ最初に侈情を矯むべきか……侈情の禁じたき事、勿論なれども此勢にて中々禁じても益なかるべし」という理由で、本来理論的に考えれば、一、二、三、四、五の順で取り除くべき「五弊」を、実際は五、四、三、二、一の順で取り除こうとしている点である。そしてそうしようとするから、藤田は結果的に「富国強兵」論に行き着いたのである。

この藤田の感性もまた、社会契約論を生み出したホッブスの感性と似ていた。かかる、本来は徂徠のように身分制の力でもって「日本国中ニ生ズル物ヲ日本国中ノ人ガ用ヒテ事足ル」状態をつくりたいと思いながら——万人平等の社会よりも身分制社会の方にシンパシーを感じながら——人欲の抑え難さへの悲観から生み出されたもの、それが「民主主義」だったのである。

だから「民主主義」を、人類の長年にわたる「専制と隷従、圧迫と偏狭」に対する戦いの成果と受け止め、理想化するのは、後に「民主主義」が定着した時代の人々からする自己正当化に他ならなかったのである。

身分制社会の論理＝仏教

しかしそれにしても、「民主主義」よりも身分制社会の方を合理的と感じる感性というのは、我々には馴染み難い。それは一体どのような考え方に基づく感性だったのか。少し、寄り道をして、考えてみよう。

そこで、とりあえず、長年支配イデオロギーとしてこの国の身分制社会を支えてきた仏教の何たるかを考えてみることによって、それを検討してみることにする。手がかりは、日本では最も影響力のあった教典の一つ、『法華経』だ。

それによると、仏教とは、無知（無明）を人の煩悩の極みと捉え、逆に全知（完全な知）の獲得を以て人の悟りと捉える思想であった。ただ悟りに至るには、人の人生は短すぎる。そこで人が悟りに至る過程に、「輪廻」という人の生まれ変わりの思想を挿入して、人の人生を外延的に拡張することで、人に悟りの可能性を開いた。

しかしその創始者釈迦を偉大な覚者に見せるために、悟りに至る「輪廻」の回数を多く見積もり過ぎた。「幾千万億劫」などといった、途方もない数字をもちだしてそれを説明してしまった。それがために、却って人の悟りの困難性を強調するはめになってしまった。

やはり、誰もが悟れる思想に、鋳直さなくてはならなかった。そこで『法華経』は釈迦に次のように語らせた。

良家の息子たちよ、余は汝らに告げ知らせよう。どのように多くの世界があろうとも、かの男が微粒子を捨てた世界にせよ、捨てなかった世界にせよ、それら幾千万億という世界のすべてに、どれほど多くの微粒子があったとしても、その数は余がこの上なく完全な「さとり」をさとって以来の幾千万億劫の数に及ばないのだ。そのとき以来、このサハー世界において、またその他の幾千万億の世界において、余は人々に教え説いてきた。しかも、その間には、余はディーハン＝カラ如来をはじめとしてもろもろの如来を賞賛した。そして、これらの如来たちの完全な「さとり」のために、余は巧妙な手段を用いて教え説く現実の手段をつくりだしたのだ。（『法華経』）

私は悟りに至るまで、厖大な年月を「輪廻」に費やしたが、悟ってからも、実は同様に厖大な年月、人の目には見えないが、この世に生きてきた。そしてその悟りの後の厖大な年月を、菩薩をはじめ、未だ悟り得ぬ人にどうすれば悟りの何たるかを伝えることができるかを考えることに使ってきた。その結果「巧妙な手段を用いて教え説く現実の手段」をつくり出すことに成功した、と。

まずは悟りを無量寿——ほぼ無限に近い寿命——獲得の契機とし、次いで、その無量寿を獲得した釈迦の、それを活用してなし遂げたことを、「巧妙な手段を用いて教え説く現実の手段」の発明、即ち人の悟りの程度に合わせた、悟りの簡易マニュアルの発明としたのである。悟りを開いた者が、ほぼ無限の時間を使って、悟らざる者に教え諭す方法を考え続けたのであるから、それが、人の悟りの程度に合わせた、悟りの簡易マニュアルの発明につながったとして、決しておかしくはなかった。

そしてその悟りの簡易マニュアルを「方便」と呼んだ。その「方便」を文字に表したものが、あの厖大な数の仏典である。その数が尨大になったのは、何せ人の悟りの程度に合わせて別々の簡易マニュアルをつくるからである。人の悟りの程度の多様性に比例して、「方便」の数も増えるからであった。

かくて、「輪廻」の観念に加えて「無量寿」の観念を生むことによって、長年の「輪廻」に堪え得た釈迦の如き優れた人だけでなく、釈迦ほど優れてはいない――「輪廻」の数の足りない――人でも、万人が悟りに到達する可能性を、仏教は切り開いたのである。六世紀、欽明天皇の時代に日本に仏教を紹介した百済の聖明王が、一方で

是の法《みのり》は諸《もろもろ》の法の中に、最も殊勝《すぐ》れています。解《さと》り難く入り難し。周公・孔子も、尚し知りたまふこと能はず。（『日本書紀』）

と述べ、仏教を「周公・孔子」でも理解できないほど難しい教えだとしながら、他方

此の功徳《のりのわざ》を以て……願はくは、普天《あめ》の下の一切衆生《しかしながらいけるもの》、皆解脱《やすらかなること》を蒙らむ。（『日本書紀』）

と、それを「一切衆生、皆」「解脱」の境地、悟りに導くことのできる教えだと言い放った所以であった。

ではなぜこの仏教が、長年身分制社会を支える思想たり得たのか。万人に悟りのチャンスを与えながら、実際に悟るのは一部の人という状況がつくり出せるからであった。ならば少数の悟りし人が、多数の悟らざる人を支配するのは当然という発想を生むことができる。

身分制社会を合理的と感じる感性の裏にあったのは、この仏教に代表される、人を悟りし者と悟らざる者に分ける考え方だったのである。

従って、例えば院政期——実は身分制社会の解体に対する危機感が蔓延し始めた時——以降、身分制社会の頂点に立つ天皇は、即位に際して「即位灌頂」と呼ばれる密教儀式を行い、自らの悟りの証しをたてるといったことも行われたのである。

身分制社会解体の契機

そして重要なことは、身分制社会とは、かかる人を悟りし者と悟らざる者に分かつ考え方に基づく社会であったから、それは常に内部崩壊の危機を抱えていたということであった。それは悟りの思想の劣化からくる危機であった。大抵の悟りの思想は、仏教がそうであるように、荒唐無稽な言説をかかえている。「輪廻」や「無量寿」の言説がそれだ。そうした荒唐無稽な言説は、必ず人の常識という壁にぶつかり、やがて劣化の道をたどる。

人の中には悟りし者と悟らざる者がいるという観念が崩壊してしまえば、身分制というものは差別の仕組み以外の何物でもなくなる。先に引用した『政談』の一節で、荻生徂徠が「上下ノ差別ヲ立ル事ハ、上タル人ノ身ヲ高ブリテ下ヲ賤ムル意ヨリ制度ヲ立ルニハ非」ざることを特に強調していたのは、ともすれば身分制というものが単なる差別の仕組みとしてしか受け取られなくなることを恐れたからであった。

ではその悟りの思想の劣化とは。具体的にはどういうことを意味したのか。例えば、平安時代から鎌倉時代にかけての末法思想の広がりがその事例であった。

釈迦の「無量寿」などといったことは人の常識に合わない。釈迦が神ならばともかく、人である釈迦に「無量寿」は似合わない。そこで人々は、悟りを開いた釈迦は、もう悟りのために「輪廻」を繰り返す必要がなくなったのだから、永遠の死の床についたのではないかと考えるようになった。「無量寿」の言説よりも「涅槃」の言説の方に親しみを覚えたのである。

だとすれば当然釈迦には悟りの後、「巧妙な手段を用いて教え説く現実の手段」＝「悟りの簡易マニュアル」＝「方便」をつくっているだけの暇はなかったことになる。釈迦のつくったとされる「方便」は、所詮は、後世の人たちが、伝えられた釈迦の教えをその人たちなりに解釈してつくりあげた、常人の手になる解説書に過ぎないものになってしまう。

釈迦の教えは、釈迦の死から時がたてばたつほど世の中に伝わらなくなり、ついには誰もそれを知らない時代がやってくるとの考え方がそこから生まれる。それが、時代を、釈迦の死の時点を起点に五百年ずつ、もしくは千年ずつに区切り、正法、像法、末法に分ける、いわゆる正・像・末三時説となり、末法思想となったのである。

そして一旦末法思想が定着すると、今度は、仏教の本来の目的に反し、新しい釈迦（悟りし人）でも出現しない限り——その出現を期待するのが弥勒信仰である——、人は例外なく誰も悟れないとの考え方が広がる。『選択本願念仏集』冒頭の、次の法然の語りが生まれるのである。

「一切衆生は皆仏性」などと言われて、「輪廻」を繰り返し、ひたすら「多仏」（多くの仏）と出会い、教えを乞うて、修行に励んでみても、人が一向に誰一人として悟りにいたらないのは、一つには、釈迦がこの世を去って既に久しいからであるが、もう一つは、人の持つものの理解力が、そもそもこの世の真理（全知）に比べて小さ過ぎるからである。「理は深く解は微なるによる」。小さすぎるものは、いくら積み重ねてみても大きくはならない。即ち真理には至らない。したがって人は、悟りを得、真理を極めることそのものを諦めるべきであり、代わりに「極楽往生」して「阿弥陀如来」の救いに身を委ねるべきであるとの。

悟りの思想であるはずの仏教が、いつの間にか悟り不能の思想になってしまったのである。これが悟りの思想の劣化の事例であった。当然同じことは仏教だけではなく、あらゆる悟りの思想に起きた。しかも悟りの思想には、常に奇妙な負荷がかかり続ける。それは悟りという言葉を、理性と欲望の二項対立の中で捉え、禁欲と同一視する俗論の負荷である。全知がいつの間にか禁欲に置き換えられる負荷である。

それがために身分制社会を支配する、悟りし人たちは過度の禁欲を迫られ、さらには非人間的な禁欲生活に身を投じた出家者たちの支配——「教権」の「俗権」に対する支配——を受けることになってしまう。

　そしてそれがさらに悟りの思想の劣化を加速することにつながるのである。極端な禁欲は非人間的であり、それはしばしば偽善者を生み出す契機になるからである。また禁欲生活に身を投じた出家者たちの支配は、現実の社会の支配にはどの道役にたたないからであった。

「民主主義」の萌芽――道理の時代

　さて私は以上二つのことを述べてきた。「民主主義」は、それ以上身分制社会を維持していくことの困難さの自覚から生まれるということ、そして身分制社会の崩壊は、悟りの思想の劣化に伴う自壊作用として起こるということである。加えて、長年この国において身分制社会を支えてきた仏教の悟りの思想としての劣化は、平安時代から鎌倉時代にかけての、末法思想の広がりの中で極まったということも述べた。

　ならばこの国における「民主主義」「立憲主義」の起点を、鎌倉時代に求めようとする私の考え方には、一定の根拠があることになる。

　そして事実、鎌倉時代以降になると「民主主義」の萌芽を思わせる言説が生まれるのである。一二二一年に後鳥羽上皇が北条義時を討とうとして兵を挙げた承久の乱について、およそ百年後、北畠親房は次のように述べていた。

「下ノ上ヲ剋スルハキハメタル非道ナリ。終ニハナドカ皇化ニ不順《まつろわ》ベ」し、されど「王者ノ軍《いくさ》ト云ハ、トガアルヲ討ジテ、キズナキヲバホロボサズ。……義時久ク彼ガ権ヲトリテ、人望ニソムカザリシカバ、下ニハイマダキズ有トイフベカラズ。一往ノイハレバカリニテ追討セラレンハ、上ノ御トガトヤ申ベキ」と（『神皇正統記』）。即ち下剋上を行うこと、身分制社会の秩序を崩壊させることは、本来「非道」である。しかし、だからといって、それだけを理由に「人望ニソムカザ」る者を「トガ」も「キズ」もないのに討とうとするのは、もっと「非道」だと。

ここには既に、先にみたホッブスや、横井小楠や、藤田幽谷のものの考え方の萌芽がみられる。本来、下剋上は「非道」だし、人は「皇化」に従うべきである。即ち身分制社会の秩序に従うべきである。しかし実際は、それは言ってみても始まらない。「人望ニソムカザ」ることこそ政治の第一規範とはするべきであると、こう述べているからである。この言い方には、ホッブスが社会契約論を生み出したのと、同じ志向が働いている。

確かに一四世紀初頭、この国にも「民主主義」の萌芽は見られたのである。しかもその萌芽は、北畠が活躍した南北朝時代よりも、もう百年遡っても見られた。それが、鎌倉時代初めの規範概念としての「道理」の成立であった。一二三二年に北条泰時によって制定された関東御成敗式目（貞永式目）の指導理念となり、『愚管抄』の作者、慈円――鎌倉時代初期の天台座主であり、『玉葉』の作者として有名な関白九条兼実の弟――によって定義を与えられた社会規範であった。

ではそれはどのような社会規範だったのか。慈円は次のように述べている。

日本国ノ世ノハジメヨリ次第ニ王臣ノ器量果報ヲトロヘユクニシタガイテ、カヽル道理ヲツクリカヘ〳〵シテ世ノ中ハスグルナリ。劫初劫末ノ道理ニ、仏法王法、上古中古、王臣万民ノ器量ヲカクヒシトツクリアハスル也。(『愚管抄』)

人の「器量果報」(以下では「器量」とのみ書く)は、時の経過と共にどんどん衰えていく。だから最初は天皇一人の「器量」でもって、この世の中を統治することができたが、時と共に、だんだんとその数を増し、沢山の「器量」を「ヒシトツクリアハ」せ——結合し——なければ、それができなくなった。だからこれまでの人の歴史は、社会の頂点に立つ人々の数が、次のように段階的に増加してくる過程であった。

第一段階　天皇
第二段階　天皇　＋　皇族
第三段階　天皇　＋　皇族　＋　臣下
第四段階　天皇　＋　皇族　＋　藤原氏

第五段階　天皇　＋　皇族　＋　藤原氏　＋　将軍

慈円にとって「道理」とは、その一つ一つは時間の経過と共に衰えていく「器量」を「ヒシトツクリアハ」せてつくる、合成された「器量」のことであった。当然合成される「器量」の数は、一つ一つの「器量」の衰えに反比例する形で、どんどん増えていく。最後は全国民の「器量」を合成したものということになるものであった。

しかも慈円は、その衰えゆく一人一人の「器量」の実相を次のようなものと捉えていた。

人ト申ハ、世ノマツリコトニモノゾマズ、スベテ一切ノ諸人ノ家ノ内マデヲヲダシクアハレム方ノマツリコトヲ、又人トハ申ナリ。其人ノ中ニ国王ヨリハジメテアヤシノ民マデ侍ゾカシ。(『愚管抄』)

「国王ヨリハジメテアヤシノ民マデ」誰の「器量」であれ例外なく、「世ノマツリコト」(公のこと)よりは「家ノ内」の「マツリコト」に多く囚われる「器量」であると。要は私に流れ易い人の主観であると。

ということは「道理」とは、ともすれば私に流れ易い個々人の主観の合成ということになる。主観の合成とは、今の言葉でいえば輿論である。即ち「道理」とは、輿論のことだったのである。

ということは「道理」という社会規範の成立は、輿論の規範化を意味した。それは鎌倉時代初め、既に「民主主義」の萌芽のあったことを示していたのである。

国民主権の萌芽――伊勢神道

しかも単に「民主主義」の萌芽があっただけではなかった。鎌倉時代には国民主権という考え方の萌芽までがあった。伊勢神道の成立がその現れであった。

伊勢神道というのは、伊勢神宮外宮の神官度会氏の人々（忠行・家行ら）によって、鎌倉時代に創始された神道であるが、外宮の祭神豊受大神を、天地が分かれたときに最初に現れた神天之御中主神と同体の神にみたてることによって、豊受大神を内宮の祭神天照大神と同等、もしくはそれ以上の神としたところに、最大の特色のある神道であった。

伊勢神宮の由緒の一つ『倭姫命世記』によれば、あるとき天照大神が、付き人の倭姫（垂仁天皇の娘）に次のように語ったことが、その誕生のきっかけとなった。


吾ガ祭リ、奉仕《つかへたてまつ》るノ時ニハ、先ヅ止由気太神（豊受大神）宮を祭リ奉るベシ。然しテ後ニ我が宮ノ祭リノ事ヲバ勤め仕ふべき也。（『倭姫命世記』）

ではなぜ天照大神はそのようなことを語ったのか。

吾れ一所《ひところ》ニ耳坐《のみま》サネば、御餅《みけ》も安ク聞シ食サズ。丹波国与佐《よさ》ノ小見比治《をみひす》ノ魚井原《まいのはら》ニ坐します、道主《みちうし》ノ子ノ八乎止女《やをとめ》の斎リ奉《まつ》ル御餅都《みけつ》神止由居《とゆけ》太神（豊受大神）を、我ガ坐します国ヘト欲フ。（『倭姫命世記』）

これがその理由であった。天照大神は、崇神五年の疫病の大流行に際し疫病退散の効を発揮することができず崇神天皇の宮中を追われた後、西は吉備、北は丹後、東は美濃と、諸国を点々とし、最後にようやく伊勢に辿り着いたが、定住の地を得たのはいいが、その代わりに、それまで寄食させてくれていた多くの支援者を失い、明日の食事（御餅）にも事欠くようになってしまった。そこで「御餅都《みけつ》神」が必要になり、伊勢に呼びよせたのが、それまで「丹波国」（丹後国）与謝郡にいて、道主王の子孫に祭られていた豊受大神であった。その豊受大神の「御餅都神」としての献身的な奉仕に感謝して、天照大神は上記のようなことを語ったのである。

「御餅都神」として天照大神に奉仕する神を、奉仕される天照大神の上位におく神道、それが伊勢神道であった。そしてそのことを神話のレベルで正当化するために、豊受大神を、元々天照大神よりは上位の神であった、全宇宙の中心神＝天之御中主神と同体の神としたのである。神道五部書と呼ばれるテキストの、強引ともとれる『古事記』『日本書紀』解釈も、そのための神話操作であった。

ちなみに『古事記』によれば、天地開闢の後、神々の生まれた順番は次のようなものであった。


天地初《あめつちはじ》めて発《ひら》けし時、高天の原に成れる神の名は、天之御中主《あめのみなかぬし》神。次に高御産巣日《たかみむすひ》神。次に、神産巣日《かむむすひ》神。この三柱の神は、みな独神《ひとりがみ》と成りまして、身を隠したたまひき。

次に、国稚《わか》く浮きし脂の如くして、海月《くらげ》なす漂へる時、葦牙《よしかび》の如く萌え騰《あが》る物によりて成れる神の名は、宇摩志阿斯訶備比古遅《うましあしかびひこじ》神。次に天之常立《あめのとこたち》神。この二柱の神もまた、独神ト成りまして、身を隠したまひき。

上の件の五柱の神は、別天《ことあま》つ神。

次に成れる神の名は、国之常立《くにのとことたち》神。次に、豊雲野《とよくもの》神。この二柱の神もまた、独神と成りまして、身を隠したまひき。

次に、成れる神の名は、宇比地迩《うひじに》神、次に妹須比智迩《いもすひじに》神。次に角杙《つのくひ》神、次に妹活杙《いもいくくひ》神。次に意富斗能地《おほとのじ》神、次に妹大斗乃弁《いもおほとのべ》神。次に於母陀流《おもだる》神、次に妹阿夜訶志古泥《いもあやかしこね》神。次に伊耶那岐神。次に妹伊耶那美神。

上の件の国之常立神以下、伊耶那美神以前を、併せて神世七代と称ふ。

天照大神が生まれたのは、この神々のさらに後、伊耶那岐神が最初は妻伊耶那美神と共同で、伊耶那美亡き後は一人で、国土をはじめ国家形成に必要なあらゆるものの根源となる神をほぼ産み終えた後のことであった。だから天之御中主神、およびそれと同体の神が、天照大神よりも上位の神になるのは当然のことであった。

ではなぜ度会氏の人々は、改竄ともとれるテキストの強引な解釈をしてまで、そのような神道を生み出したのか。

天照大神と豊受大神がそれぞれ、現世の何を表しているかを考えてみればいい。天照大神はいうまでもなく皇祖神だから、天皇である。統治集団——身分制秩序——の頂点に立つ天皇である。では豊受大神は？　天照大神に奉仕するということは、天皇に奉仕するということであるから、天皇に仕え、天皇に奉仕する国民である。

ということは、度会氏の人々は、天皇に奉仕する国民の方が、実は天皇より上位の存在であることをいわんがために、そのような神道を生み出したことになる。それはまさに「国民主権」という考え方の創出であった。日本国憲法第一条にある「天皇は、日本国の象徴であり日本国民統合の象徴であつて、この地位は、主権の存する日本国民の総意に基く」との考え方の原型の創出であった。

鎌倉時代、「民主主義」のみならず「国民主権」という考え方までもが、萌芽的に成立していたことが分かる。

そして伊勢神道が、「国民主権」の観念を生み出すための神道であったということは、鎌倉時代以降この国に生きた人々が一番よく知っていた。だから彼らは、鎌倉時代から江戸時代にかけて、時に大挙して伊勢神宮外宮に参詣したのである。江戸時代になると六〇年に一度、数百万人規模の集団参詣、「お蔭参り」を繰り返したのである。

そこで見ておきたいのはルソーの『社会契約論』の次の一節である。

主権者は、立法権以外のなんらの力ももたないので、法によってしか行動できない。しかも、法は一般意思の正当な働きに他ならないから、人民は集会したときにだけ、主権者として行動しうるであろう。人民の集会、とんでもない空想だ！というかもしれない。なるほど今日では、空想である。が二千年前にはそうでなかったのだ。人間の性質が変ったのだろうか？（『社会契約論』）

「人民」は、「集会」したときにだけ「主権者」として行動することができると述べている。実は、鎌倉時代以降のこの国の人々は、まさにこのルソーの述べたことを実践していたのである。彼らを主権者たらしめる言説空間たる伊勢神宮外宮に集団参詣することによって、まさに「集会」することによって、自らの主権者性を確認していたのである。

そして多くの人が、その自らの行っていることの意味を理解していたであろうということは、例えば江戸時代の「お蔭参り」の流行時、人々が手に手に柄杓をもって参詣していたことから想像できる。柄杓は北斗七星、即ち北極星のシンボルであり、北極星は全宇宙の中心神、天之御中主神のシンボルであったからである。彼らは、自らの目指した豊受大神が、天之御中主神と同体の神であることを、十二分に熟知した上で、外宮に参集していたのである。

「民主主義」の萌芽と内戦

ただここで改めて確認しておかなくてはならないのは、「民主主義」の萌芽は、決して「専制」と「圧迫」に抵抗した人々の長年の闘争の成果などといったものではなかったということである。むしろ悟りの思想の劣化に伴いおきた、身分制社会の自壊の結果であった。

だからそれは、むしろ社会の無秩序化の始まりだったのである。萌芽形態であれ何であれ「民主主義」は、先に述べたように、人に欲望の平等をもたらし、「万人の万人に対する闘い」——日本流にいえば下剋上——を誘発するからであった。鎌倉時代以来、この国が長い内戦の時代に入ったのは、その証しであった。

またたから江戸時代の終わりまで、支配層の多くは、「民主主義」を前に進め、本格的に展開させるのではなく、荻生徂徠のように、何とかそれに抗い、身分制社会を維持していこうと、悟りの思想の再建に取り組んだのである。通常の仏教がダメなら禅宗、禅宗がダメなら儒教といった具合にである。ということは「民主主義」を萌芽に止めず、本格的に立ち上げ、社会の運営様式として定着させようとすれば、もう一つ別の仕組みを立ち上げ、それによって「民主主義」を補完する必要があった。それが「立憲主義」だったのである。次の日本国憲法第九八条第一項にあるように、「民主主義」——合議による立法——をも縛る「法（憲法）の支配」を確立することだったのである。

第九八条　この憲法は、国の最高法規であつて、その条規に反する法律、命令、詔勅及び国務に関する その他の行為の全部又は一部は、その効力を有しない。

法によって「民主主義」を規律化することだったのである。

そこで一つシミュレーションをしてみてほしい。現代においてもし憲法という名の法の支配がなかったら「民主主義」は成立するだろうかということである。国会という場で、議員の過半数の支持を得た意見だけが法律として通用するというルールが、憲法によって予め決められていないところに、はたして「民主主義」が成立するだろうか。当然しない。利害の相違する当事者同士の話し合いが、自ずから適切な結論に収束するなどということは、普通はあり得ない。むしろそれは「万人の万人に対する闘い」を誘発し、はては戦争に発展する可能性を秘める。「民主主義」には、当事者が恣意的に、必要に応じて定めるのではない、予め定められたルールがどうしても必要なのである。何れの当事者にとっても有利でも不利でもない、公正中立なルールの支配なくして「民主主義」は実は成り立たない。その予め定められたルールが法＝憲法なのである。そしてその法によって「民主主義」を規律化しようとする考え方、それが「立憲主義」なのである。

身分制社会の解体によって産み落とされた「民主主義」が、それだけでは合理的に機能せず、むしろ「万人の万人に対する闘い」を育み、下剋上の恐怖に社会を陥れた時、人はこの法による支配、即ち「立憲主義」の必要に気付いたのである。

第二章

「立憲主義」の形成

再び「道理」について

ではこの国における「立憲主義」確立の営みはいつ頃から始まったのだろうか。そこで改めて見ておきたいのが、慈円が『愚管抄』において述べた「道理」観である。私は先程は「道理」とは輿論のことだと述べたが、それは次の慈円の語りからも証明できる。

道理ドモ……イカニ心得アハスベキゾトイフニ、サラニサラニ人コレヲオシフベカラズ。智恵アラン人ノワガ智解ニテシルベキナリ。タヾシモシヤト心ノヲヨビコトバノユカンホドヲバ申ヒラクベシ。(『愚管抄』)

「道理」の何たるかは人が人に教えられるようなものではない。智慧ある人は、智慧の限りを尽くして、その何たるかを自ら突き止めるべきものである。そして突き止めたと思ったならば、進んでそれを「申ヒラク」べきものである。その上でつくられる多数の意思、それが「道理」なのだと。まさにそれは輿論であった。

ちなみに、その人がそれぞれに「道理」の何たるかを考え、討議を尽くし、それに答えを出していく過程を、慈円は「道理詮」と呼んだ。それには、「智慧ある人」が一人で、その何たるかを考えぬくことと、その人がその考えたことを「申ヒラ」き、他者との対話の中でそれを突き止めていくことの、両方が含まれていた。

だから「道理」は決して絶対の正義ではなかった。否、それどころか、常に主観的正義と主観的正義の相克の中に置かれ、極めて不安定で、間違い易い正義であった。従って「道理」を実際の社会規範にしようと思えば、その不安定さや、間違い易さを正す方法も、同時に考えておかなくてはならなかった。では「道理」観念の定義者、慈円は、その方法をどう考えたのだろうか。

そこで慈円が到達したのが、実は、先にも引用したが、次の考え方であった。

日本国ノ世ノハジメヨリ次第ニ王臣ノ器量果報ヲトロヘユクニシタガイテ、カヽル道理ヲツクリカヘヘシテ世ノ中ハスグルナリ。劫初劫末ノ道理ニ、仏法王法、上古中古、王臣万民ノ器量ヲカクヒシトツクリアハスル也。

先には「道理」とは一つ一つは衰え行く「器量」を「ヒシトツクリアハ」せたものだというところだけを強調したが、ここで慈円はもう一つのことを述べている。「道理」とは、単に現代生きている人々の「器量」を「ヒシトツクリアハ」せただけでなく、「上古中古」の「王臣万民」の「器量」をも「ヒシトツクリアハ」せたものだということを、である。実は慈円は「道理」を二重の輿論として理解していたのである。一つは、今を生きる人々の輿論として。もう一つは、かつてこの世に生きた、既にこの世にいない人々の輿論、死者の輿論としてであった。
そして次のように述べていた。

世間ハ一蔀ト申テ一蔀ガホドヲバ六十年ト申、支干オナジ年ニメグリカヘルホドナリ。コノホドヲハカラヒ、次第ニヲトロヘテハ又オコリ〳〵シテ、オコルタビハ、オトロヘタリツルヲ、スコシモチオコシ〳〵シテノミコソ、今日マデ世モ人モ侍ルメレ。……カク次第ニシテ、ハテニハ人寿十歳ニ減ジハテ、、劫末ニナリテ又次第ニオコリイデ〳〵シテ、人寿八万歳マデオコリアガリ侍也。ソノ中ノ百王ノアヒダノ盛衰モ、ソノ心ザシ道理ノユクトコロハ、コノ定ニテ侍也。（『愚管抄』）

人の世は「ヲトロヘテハ又オコリ〳〵シテ」、栄枯盛衰を繰り返しながら、何とか今日まで続いてきた。それはその過程で、多くの失敗や間違いを繰り返し、逆にそれを正す努力を重ねてきたからだと。時間のふるいにかけられてきた死者の輿論の方に、彼は、生者の輿論にない正しさを認めていたのである。

ならば慈円にとっての、「道理」の示す不安定さや誤謬の可能性を正す方法は明瞭であった。生者の輿論＝「道理」を、死者の輿論＝もう一つの「道理」の下におき、死者の輿論によって生者の輿論に一定の方向付けを与えるという方法であった。ちなみに「道理」という言葉にそのことを含ませたから、彼はあえてそれを「道」の「理」、即ち長い時間（道程）をかけて形成されてきた理と表現したのである。さらには、その何たるかを捉えるために、歴史を書いたのである。しばしば『愚管抄』がこの国における最初の本格的な歴史書だといわれる所以であった。

そこで参照しておきたいのが、またまた次のルソーの『社会契約論』の一節である。

国家は、法律によって存続しているのではなく、立法権によって存続しているのである。昨日の法律は、今日は強制力を失う。しかし、沈黙は暗黙の承認を意味する。主権者が法律を廃止することができるのに、それを廃止しない場合には、彼はたえずその法律を確認しているものとなされる。主権者がひとたびこう欲すると宣言したことは、すべて、取り消さないかぎり、つねにそれを欲していることになるのである。

それでは、古い法律に、あのように尊敬が払われるのはなぜか。それは、古いということそれ自体のためである。昔の〔人々の〕意志がすぐれていたのでなければ、古い法律をそんなに長く保存はできない、と考えなければならない。もし主権者が、それをたえず有益なものであると認めなかったならば、彼はそれを千回も取り消したであろう。よく組織されたすべての国家で、法律が弱まるどころか、たえず新しい力を獲得しつつあるのは、このためである。（『社会契約論』）

ルソーにとっても、法とは、昔制定され、廃止しようと思えばいつでも廃止できたにもかかわらず、代々の輿論がそれを支持してきたために、長年生き残り、既に慣習の域に達した「古い法律」のことであった。そしてその法（「古い法律」）の支配の確立こそが近代「立憲主義」の確立であった。

ならば一目瞭然だろう。慈円が述べた死者の輿論としての「道理」とは、まさにこのルソーのいうところの法のことだったのである。ということは、慈円が、社会のあらゆる秩序の上位に「道理」の支配を置こうとしたことは、ルソーが、あらゆる秩序の上位に法の支配を置こうとしたことと、実は全く同じことであった。

その意味で、この国における「立憲主義」確立の営みの始まりは、「民主主義」の萌芽的成立とほぼ同時期、鎌倉時代初めとみて差し支えないということになるのである。

関東御成敗式目・建武式目・武家諸法度

そしてその確立に向けて最初の大きなイベントが、北条泰時による関東御成敗式目の制定だったのである。泰時は、式目制定に際して、弟重時（連署・六波羅探題）に対して次のように書き送り、式目制定の意図が「たゞ道理のおすところを」書き記すことにあったことを明らかにしている。

御成敗候べき条々の事注され候状を、目録となづくべきにて候を、さすがに政の体をも注載《ちゅうしのせ》られ

候ゆへに、執筆の人々さかしく条式と申字をつけあて候間、その名をことゝしきやうに覚候により
て式目とかきかへて候也。其旨を御存知あるべく候歟。さてこの式目つくられ候事は、なにを本説
として被注載之由、人さだめて謗難を加事候歟。ま事にさせる本文にすがりたる事候はねども、たゞ
道理のおすところを被記候者也。（「北条泰時消息」北条重時宛〔貞永一年九月十一日〕）

しかも式目の内容は、武家社会における慣習法の成文化であり、条数も五一条と、一七条憲法の継承、即ち「古い法律」中の「古い法律」であることを明瞭に意識していた。

まさに関東御成敗式目こそが、「道理」＝死者の輿論に基づいて制定された、この国最初の法＝憲法であり、その制定こそが、この国における「立憲主義」確立に向けての最初の一歩だったのである。

ただ関東御成敗式目のような罰則を伴う法は、当然現実の必要に駆られて、不断に改変を余儀なくされる。裁判法として実際に機能しなくてはならないからである。関東御成敗式目に次々と「式目追加」が付け加えられていった有様をみればそれがわかる。従って逆に、死者の輿論として、安定していてこその、本来の法としての役割をはたすのには、極めて不十分な法となってしまった。

そこで、現実の社会の日々を規律するのに必要な、関東御成敗式のような罰則を伴う法とは区別された、より精神的で、国家の骨格を形作るために必要な、まさにコンスティチューションの名に相応しい法の制定が求められることになった。

そしてその求めに応じて制定されたのが室町幕府の開祖、足利尊氏が一三三六年に制定した建武式目（一七箇条）であった。

それは冒頭「鎌倉元のごとく柳営（りゅうえい）たるべきか、他所たるべきや否やの事」という項をたて、次のように述べ、

右、漢家本朝、上古の儀遷移これ多く、羅縷《らる》に遑《いとま》あらず。季世（現在）に迄《いた》り、煩擾あるによつて、移徙《いし》容易ならざるか。なかんづく鎌倉郡は、文治に右幕下（源頼朝）はじめて武館を構へ、承久に義時朝臣天下を并呑す。武家に於ては、もつとも吉土と謂ふべきか。ここに禄多く権重く、驕を極め欲をほしいままにし、悪を積みて改めず。果たして滅亡せしめ了んぬ。たとひ他所たりといへども、近代覆車の轍を改めずば、傾危《けいき》なんの疑ひあるべけんや。それ周・秦ともに崤函《こうかん》に宅するなり。秦は二世にして滅び、周は八百の祚を闡《ひら》く。隋・唐おなじく長安に居するなり。隋は二代にして滅び、唐は三百の業を興す。しからば居処の興廃は、政道の善悪によるべし。これ人凶は宅凶にあらざるの謂なり。ただし、諸人もし遷移せんと欲せば、衆人の情《こころ》にしたがふべきか。

次いで「政道の事」という項を立て、次のように述べる法であった。

右、時を量り制を設く。和漢の間、なんの法を用ひらるべきか。まづ武家全盛の跡を逐ひ、もつとも善政を施さるべきか。しからば宿老・評定衆・公人等済々たり。故実を訪はんに於て、なんの不足あるべきか。古典に曰く、徳はこれ嘉政、政は民を安んずるにありと云々。早く万人の愁を休むるの儀、速かに御沙汰あるべきか。その最要あらあら左に註す。

一　倹約行はるべき事

一　群飲佚遊を制せらるべき事

一　狼藉を鎮めらるべき事

一　私宅の点定を止めらるべき事

一　京中の空地、本主に返さるべき事

一　無尽銭・土倉を興行せらるべき事

一　諸国の守護人、ことに政務の器用を択ばるべき事

一　権貴ならびに女性・禅律僧の口入を止められべき事

一　公人の緩怠を誡めらるべし。ならびに精撰あるべき事

一　固く賄賂を止めらるべき事

一　殿中内外に付き諸方の進物を返さるべき事

一　近習の者を選ばるべき事

一　礼節を専らにすべき事
一　廉義の名誉あらば、ことに優賞せらるべき事
一　貧弱の輩の訴訟を聞し食さるべき事
一　寺社の訴訟、事によつて用捨あるべき事
一　御沙汰の式日・時刻を定められるべき事

以前十七箇条、大概かくのごとし。是円李曹の余胤を受くるといへども、すでに草野の庸愚たり。忝くも政道治否の諮詢を蒙り、和漢古今の訓謨を摭《ひろ》ふ所なり。……

幕府（都）を何処におくかという、権力にとって最も重要なことさえ、絶対の真理に基づくのではなく「衆人の情」に依ろうとしている点、さらには「政道の事」一七箇条は悉く、起草者（是円）の「李曹の余胤」（法曹の家［中原家］の血をひく者）としての識見にではなく、「故実」「和漢古今の訓謨」に基づくものとしている点、さらには一七条という条数を以て憲法一七条の後継法であることを自認している点において、建武式目もまた、関東御成敗式目同様、「道理」とりわけ死者の輿論としての「道理」に基づく法だったのである。

しかもそれは、関東御成敗式目とは異なり、統治の精神と骨組にかかわる規定に特化していた。明らかに本格的な憲法に一歩踏み出していたのである。「立憲主義」への道程は、建武式目の制定によって、

大幅な前進を遂げたと言うべきか。

そしてそれは、戦国大名たちが制定した諸々の戦国家法に受け継がれ、徳川将軍の制定した、次の各条に始まる武家諸法度に受け継がれることによって、より具体的な、統治の精神と骨組みを示す法に進化していったのである。

一　文武弓馬ノ道、専ラ相嗜ムベキ事。

一　大名・小名在江戸交替相定ムル所ナリ。毎歳夏四月中、参勤致スベシ。従者ノ員数近来甚ダ多シ、且ハ国郡ノ費、且ハ人民ノ労ナリ。向後ソノ相応ヲ以テコレヲ減少スベシ。但シ上洛ノ節ハ、教令ニ任セ、公役ハ分限ニ随フベキ事。

一　新規ノ城郭構営ハ堅クコレヲ禁止ス。居城ノ隍塁・石壁以下敗壊ノ時ハ、奉行所ニ達シ、其ノ旨ヲ受クベキナリ。櫓・塀・門等ノ分ハ、先規ノゴトク修補スベキ事。

一　江戸ナラビニ何国ニ於テタトヘ何篇ノ事コレ有ルトイヘドモ、在国ノ輩ハソノ処ヲ守リ、下知相待ツベキ事。

（以下略）

これは三代将軍家光の出した寛永令だが、第一条で武士の心得が言われ、第二条で参勤交代の制が定められている。

確かに武家諸法度には、関東御成敗式目や建武式目のように、明瞭に「道理」に基づく法とだとの説明はない。しかしほぼ同じ法が、将軍の代替わりごとに出されることによって、それがルソー言うところの、「主権者が法律を廃止することができるのに、それを廃止しない」ことによって成立した「古い法律」であることを、日々証明し続けた法であった。

徂徠学の誕生

ただし法が武家諸法度にまで進化したからといって、それが直ちに「立憲主義」の確立につながったわけではなかった。「民主主義」は、身分制社会が自壊、もしくは弛緩すれば、殆ど自然発生的に生まれる。しかし法の支配を意味する「立憲主義」は、そう簡単には生まれない。それが生まれるためにはまだ二つ程の条件が必要であったからである。

まず一つは、人々が、萌芽形態のそれであれ、何であれ、「民主主義」が誘発する「万人の万人に対する闘い」、即ち下剋上に疲れ果てるということであった。疲れ果てるから人はようやく自分たちの自由を制限する、法の支配を受け入れるのである。疲れ果てなければ、誰もそんなものは受け入れない。「立憲主義」とは、人が自由闊達に話し合い何事も決定していく仕組み（「民主主義」）を、「道理」や「古い法律」をもち出して、上から制限する仕組みのことである。他者から制限を受けることを好む者はいない。

そしてそれに疲れ果てるのに、この国の人々は、治承・寿永の内乱から、徳川家康による、大坂夏の陣後の元和偃武の宣言(一六一五年)に至るまで、実に四〇〇年にわたる内戦の時代を必要としたのである。そしてその間、様々な形で下剋上の克服法を講じ、模索を続けたのである。例えば浄土真宗中興の祖蓮如は、応仁の乱で荒廃した京都を目の当たりにし、下剋上の恐ろしさを痛感し、それを克服するのに、士・農・工・商分業社会の確立を提案した。それはやがて織田信長、豊臣秀吉、徳川家康らによって採用され、江戸時代二六〇年の太平の礎となった。その模索の極限に「立憲主義」は生まれたのである。

次いで今一つは、何でも彼でも「古い法律」なら法になるのではない。建武式目の語る「和漢の間、何の法も用ひらるべきか」というのはランダムすぎた。特定の「古い法律」を、現代に通用する法として取り出すために、説得的な論理が用意されなくてはならなかった。何せ人の自由を拘束する法をつくるのである。説得力は不可欠だった。

では誰がその論理の構築に貢献したのか。室町時代から江戸時代にかけて活躍した多くの儒者たちであった。とりわけ、五代将軍徳川綱吉と八代将軍徳川吉宗に仕え、重用された――六代将軍徳川家宣に侍講として仕えた新井白石の論敵――古文辞学派の派祖、荻生徂徠であった。

では荻生徂徠は何をしたのだろうか。まずは次のように述べ、儒学の世界においてはともすれば絶対化されがちな中国古代の「聖人」たちを、一人一人は不完全な、天才というよりはむしろ普通の人の中の、若干優れた人程度の存在に読み替えた。

伏羲・神農・黄帝もまた聖人なり。その作為する所は、なほかつ利用厚生の道に止る。顓頊《せんぎょく》・帝嚳《こく》を歴て、尭《ぎょう》・舜《しゅん》に至り、しかるのち礼楽始めて立つ。夏・殷・周よりしてのち燦然として始めて備る。これ数千年を更、数聖人の心力知巧を更《へ》て成る者にして、また一意聖人一生の力の能く弁ずる所の者に非ず。故に孔子といへどもまた学んでしかるのち知る。(『弁道』)

「伏羲・神農・黄帝」に始まる「聖人」の誰をとってみても、その「聖人一生の力」でもって「聖人の道」の全てを「能く弁ずる所の者」は一人もいない。彼らもまた普通の人間同様、それぞれに得手不得手のある不完全な存在に過ぎなかった、と。

しかし「道は知り難く、また行ひ難し。その大なるがための故なり」(『弁道』)と述べ、その「聖人」たちのつくりあげた「聖人の道」は絶対化した。孔子ではあっても、それから学ぶことなしには何も知り得ないほど、優れた道だと述べた。

ではなぜ一人一人は、得手不得手のある、時としては間違いさえおかす、不完全な人に過ぎない「聖人」たちのつくりあげた道が、それほどの絶対性を帯びるのか。

徂徠は、それを、その「聖人の道」が「数千年」の歳月をかけて、数多くの「聖人」たちが、智慧を重ね、経験を積んでつくりあげてきた、まさに死者の輿論だったから、と説明した。だからそれを、次のように「列聖の遺緒」――並み居る「聖人」たちの遺書――と名付けたのである。

今、すでに大経を立つれば、すなはちまさに四海を以て一家となし、万世を一日となし、列聖の遺緒に因りて、以て時措のよろしきを図るべきなり。（『政談』）

そしてその説明にみあった、「聖人の道」を、現代に生きる我々が知る術を確立した。結局「聖人の道」とは、数多くの「聖人」たちが、「数千年」の時間をかけて、試行錯誤を繰り返してつくりあげてきた道のことである。まさに死者の輿論中の死者の輿論である。従ってそれを知るには、その「聖人」たちの試行錯誤のプロセスを知るしかない。その「数千年」の歴史を知るしかない。

ならば、というので彼は、その歴史を――朱子学で重んじられる『大学』『中庸』『論語』『孟子』のように後世的に解釈した書ではなく――後世からの脚色なしに正確に記録した「六経」――『易経』『書経』『詩経』『礼記』『春秋』『楽経』――を、可能な限り忠実に読むことこそ、その「聖人の道」を知る手段としたのである。だから「六経」に記された漢文を読むのに、訓読読みを排し、白文のまま読むことを奨励したのである。彼の学派が古文辞学派と呼ばれる所以であった。

かくて彼は、「聖人の道」の絶対性を、「絶対者の言説だから」という理由からではなく、「死者の輿論だから」という理由から導くことによって、この国に初めて、死者の輿論たる法（「古い法律」「道理」）を絶対化するのに必要な論理を確立したのである。というよりも「聖人の道」の権威を利用して死者の輿論の絶対化をはかったのである。そしてとりあえずは、「六経」に記された「先王制作の道」＝「聖人の道」を、この国の依るべき法の地位に押し上げたのである。

ちなみに「聖人の道」を表現するのに、徂徠がしばしば「先王制作の道」という言い方をしたのは、それが絶対者一人の制作物ではなく、多数の「聖人」の試行錯誤を繰り返す中での制作物であることを強調するためであった。

では荻生徂徠によって、論理的装いをもって「聖人の道」あるいは「先王制作の道」のことと特定されたこの国の法は、実際に法として機能したのだろうか。当然した。そこで想起してほしいのは、荻生徂徠というのはただの儒者ではなかったことである。五代将軍綱吉と八代将軍吉宗に重く用いられ、その分だけ現実の幕政にも大きな影響を与えた、すぐれて政治的な儒者であったということである。だから綱吉や吉宗がとった政策は、どこかで徂徠の思想と相関し合っていた。

綱吉が武家諸法度の第一条を、元和令以来の「文武弓馬ノ道、専ラ相嗜ムベキ事」から「文武忠孝ヲ励シ、礼儀ヲ正スベキ事」に変え（天和令）、それを吉宗が踏襲して不易の法（不磨の大典）にした（享保令）とき、それは明らかに徂徠的発想に影響されて、「聖人の道」を以てこの国の法＝死者の輿論にしたことを意味したのである。吉宗政権下において公事方御定書百箇条等の編纂が進められ、急速に法治主義が進展したのもその影響であった。
かくて徂徠学の成立は、建武式目以来のこの国の法を、さらに一歩大日本帝国憲法に近づけることになったのである。

宣長学へ――「六経」から『古事記』へ

しかしこの国を規律する法＝「古い法律」が、「六経」に記された中国古代の聖人たちの言動であるというのは、やはり問題であった。「六経」は日本の古典に、「聖人の道」は何か別の「道」に置き換えられなくてはならなかった。

そこでその法の記された古典の、「六経」から日本の古典への置き換えを行ったのが、徂徠からは一世代後の、一八世紀後半に活躍した、国学者本居宣長であった。彼は見事なまでに徂徠をコピーし、「六経」を『古事記』に置き換えたのである。さらには「六経」に記された「聖人」たちの言動（「聖人の道」）を『古事記』に記された神々の言動（「神々の道」）に置き換えたのである。

ではどのようにその置き換えを行ったのか。まず徂徠が「聖人」たちを普通の優れた人に見立てたのと同じように、宣長も、神々を普通の人に見立て、次のように述べた。

神世とは、人代と別て云称なり、其いとは上代の人は、凡て皆神なりし故に然言り、さて何時までの人は神にて、何時より以来の人は神ならずと云、きはやかなる差はなき故に、万葉の歌どもなどにも、たゞ古を広く神代と云り、然れども事を分て云ときは、鵜葺草葺不合《ウガヤフキアヘズ》命までを神代とし、白檮原《カシバラ》朝（神武天皇）より以来を人代とす、信に此朝御時より、世間のありさま新なりしかば、然も云つべきものなり、然るを此に、伊邪那美神までを神世と云るは、後五代の神代に言りし称の遺れるなり、其は人代となりて後に、鵜葺草葺不合命の御時までを申す如くに、五代の神代の時には、又此七代を神代と申せしなり、（『古事記伝』一之巻）

あるいは

神代の神たちも、多くは其代の人にして、其代の人皆神なりし故に、神代とは云なり、（『古事記伝』一之巻）

と。

それは単に昔の「人」のことに過ぎないと。だから次のように「人」に「貴賤」「強弱」「善悪」があるように、「神」にも「貴賤」「強弱」「善悪」があるとしたのである。

抑迦微《かみ》は如此く種々にて、貴きもあり賤きもあり、強きもあり弱きもあり、善きもあり悪きもあり
て、心も行もそのさま〳〵に随ひてとり〳〵にしあれば、大かた一むきに定めては論ひがたき物に
なむありける、(『古事記伝』一之巻)

しかしにも関わらず、その神々のつくった道は、「人のかぎりある智《さと》りもては、測りがたき」絶対的
な道だとした。次の如くにである。

そも〳〵天地のことわりは、すべて神の御所為《みしわざ》にして、いとも〳〵妙に奇しく、霊《あや》しき物にしあれ
ば、さらに人のかぎりある智《さと》りもては、測りがたきわざなるを、いかでかよくきはめつくして知る
ことのあらむ、(『直毘霊』)

これも「道は知り難く、また行ひ難し。その大なるがための故なり」と言った徂徠の踏襲であった。
ではなぜ「善神」もあれば「悪神」もある、神々のつくりあげた道が絶対なのか。宣長は、次の二つ
のことを理由にあげた。

まず一つは『古事記』が、同時代の書『日本書紀』と異なり、神々の時代、即ち古代の実相を、でき
るだけ正確に書き記そうとして書かれた、優れた歴史書であったこと。彼は次のように述べた。

此記の優れる事をいはむには、先上代に書籍と云物なくして、たゞ人の口に言伝へたらむ事は、必書紀の文の如くには非ずて、此記の詞のごとくにぞ有けむ、彼はもはら漢に似るを旨として、其文章をかざれるを、此は漢にかゝはらず、たゞ古の語言を失はぬを主とせり、抑意と事と言とは、みな相称《カナ》へる物にして、上代は、意も事も言も上代、後代は、意も事も言も後代、漢国は、意も事も言も漢国なるを、書紀は、後代の意をもて、上代の事を記し、漢国の言を以て、皇国の意を記されたる故に、あひかなはざること多かるを、此記は、いさゝかもさかしらを加へずて、古より云伝たるまゝに記されたれば、その意も事も言も相称て、皆上代の実なり、是もはら古の語言を主としたるが故ぞかし、(『古事記伝』一之巻)

「上代」には「書籍と云物」がなかったこの国に、文字(漢字)というものが伝わったとき、「意と事と言とは、みな相称へる物にして、上代は、意も事も言も上代、後代は、意も事も言も後代、漢国は、意も事も言も漢国」との原則に従えば、「言」が中国語(漢字)なのだから、後世風、中国風に「上代」の「事」を記した『日本書紀』のような歴史書の書かれるのがむしろ自然であった。しかし『古事記』は、それにもかかわらず、ひたすら「たゞ古の語言を失はぬ」よう、「上代」の「事」をありのままに書こうとして書かれた歴史書であった。ちなみに彼があの厖大な『古事記』の注釈書、『古事記伝』四四巻を書いたのは、このことを実証するためであった。

そして今一つは、その「いさゝかもさかしらを加へずて、古より云伝たるまゝに」「上代」の「事」を書こうとして書かれた『古事記』が、何と書かれてから千年後の「現代」にまで、読み継がれ、残っていること。そのことの意義を、彼は次のように述べていた。

世の中には、

後世まで伝はると、伝はらざるとは、おのづからのことにこそあらめ、かならず宜きによりては伝はり、宜しからざるによりて、伝はらざるにもあらざるべし、凡て漢にも此間にも、古の書の、いとよろしきも絶え、さもあらぬも広く伝はれたるたぐひ多きにあらずや、

と述べ、「古の書」の後世に伝わることと、その書が良書であるかどうかということは、何の関係もないと述べる人がいるが、それは間違いである。とりわけ『古事記』の場合はそうである。

というのもただ「上代」のことをひたすらありのままに書こうとして素朴になり過ぎた『古事記』のような書は、それが編纂された僅か八年後に、それが余りに「飾なくて、かの漢の国史どもにくらぶれば、見だてなく浅々と聞ゆる」が故に「年紀を立などし、はた漢めかしき語どもかざり添なども して、漢文章をなして、かしこに似たる国史を立む」（『古事記伝』）とて『日本書紀』が改めて編纂されたことに

象徴されているように、何ごとも「漢風」好みの世にあっては、顧みられることなく忘れ去られるのが自然の書であった。それが読み継がれ、残ってきたのである。それは、やはり『古事記』が良書だからと言うしかないのであると。

それこそ『古事記』が長年、多くの人の支持を得た良書の証だとしたのである。

ではこの二つの理由の組み合わせたところに成り立つ、「善神」も「悪神」もいる神々のつくった道が絶対であることの説明とは、如何なるものだったのか。

『古事記』が存在したお陰で、まずそれは正確に後世に伝わった。そして後世の人は、長きにわたって——千年を越える歳月の間——それを良しとして受容し続けた。即ち『古事記』を読み続けてきた。ということは、それはこの国の死者の輿論だということになる。だからというのが、その説明であった。多少のズレはあるが、徂徠が「六経」に書かれた「聖人の道」を絶対化したのと、殆ど同じ説明であった。

かくて宣長は、徂徠学における「六経」の地位に『古事記』を置き、「聖人の道」に「神々の道」（「古の道」）を置き換えることに成功したのである。そして『古事記』に記された「神々の道」「古の道」を以て、日本の法にすることに成功したのである。

篤胤学へ——死者の集う「幽冥界」の誕生

しかし『古事記』に記された「神々の道」をそのまま、日本の法として機能させるのには、当然のこととして、大きな困難が伴った。その「神々の道」には、いい知れぬ荒唐無稽さが伴ったからである。例えば宣長は、自らの言説に忠実に、『古事記』では、太陽神である天照大神は「葦原中国」（日本列島）で生まれたことになっているから、太陽はこの日本列島上で生まれたと主張した。さすがに、もう一人の国学者上田秋成はその非常識を諭したが（日の神論争）、かかる非常識な主張が法として通用するはずもなかった。

そしてそのことは宣長自身がよく承知していた。だから彼は一方で、自らの学説に忠実に「何わざも、己命の御心もてさかしだち賜はずて、たゞ神代の古事のまゝに、おこなひたまひ治め賜ひて、疑ひおもほす事しあるをりは、御卜事もて、天神の御心を問して物し給ふ」（『直毘霊』）べしといいながら、他方、次のように述べていたのである。

> さてさやうに、世中のありさまのうつりゆくも、皆神の御所為なるからは、人力の及ばざるところなれば、其中によろしからぬ事のあればとても、俄に改め直すことのなりがたきすぢも多し、然るを古の道によるとして、上の政も下々の行ひも、強て上古のごとくに、これを立直さんとするときは、神の当時の御はからひに逆ひて、返て道の旨にかなひがたし、されば今の世の国政は、又今の世の模様に従ひて、今の上の御掟にそむかず、有来りたるまゝの形を頽さず、跡を守りて執行ひたまふが、即まことの道の趣にして、とりも直さずこれ、かの上古の神随治め給ひし旨にあたるなり、

（『玉くしげ』）

この世のすべてのことは神の計らいなので、人知の及ばないことも多い。悪いことが起きたからといって、直ちにそれを改めよとしても、できないことも多々ある。然るに時として何事も「古の道」に依るべしなどといって、「上の政も下々の行ひも、強て上古のごとくに、これを立直さんとする」極端なことをしようとする者が現れる。しかしそれは間違いである。「今の世の国政」は、「今の世の模様に従ひて、今の上の御掟にそむかず」行うのが正しい、と。

この『玉くしげ』というのは、天明年間に宣長が、紀伊藩主徳川治貞にあてて奉呈した政治意見書であるが、その種のものを書くときには、宣長もこう述べていたのである。宣長自身が首尾一貫できなかったのである。そしてその原因は『古事記』に記された「神々の道」の荒唐無稽さにあった。

だとすれば、この国においては『古事記』に記された「神々の道」こそが法（＝死者の輿論＝「道理」）だというのであれば、もう一つ、その「神々の道」を、その精神は保ちながらより現実的な法に作り替える術も発明しておかなくてはならなかった。もう一度繰り返すが、荒唐無稽すぎる法は、法として機能しない。

そしてその「神々の道」を、現実的な法につくり直す術を発明するという、歴史的使命を担って登場したのが、宣長の死後門人、平田篤胤であった。彼も宣長同様、記紀の解釈に取り組んだが、その取り組み方は、はるかに自由であった。言い換えれば実証へのこだわりをもたなかった。彼は次のように推論を重ねた。

『日本書紀』の冒頭に「時に天地の中に一物生れり」とあるように、この世は最初「一物」であった。しかし万物生成の神、高御産巣日神が登場するや、その「一物」に回転運動が加えられ、遠心力が働くことになった。すると重く濁ったものは遠くへ飛び去り、軽く清らかなものは中心に残り、その中間のものが、ちょうどその両者の間に漂うことになった。

> 太初ニ産霊大神一元気ヲ攪回スルトキニ、其ノ運動ノ妙機ニ頼りテ、重濁ハ早ク脱シテ至遠ノ域ニ走リ、軽清ハ遅ク分レテ至近ノ郭ニ止マル、(『天柱記』)

そしてその「至遠ノ域」に飛び去った重く濁ったものが「黄泉」(もしくは「泉」)となり、「至近ノ郭」に止まった軽く清らかなものが「天」となり、丁度その中間に漂った、重くもなく軽くもなく、汚くもなく清らかでもないものが「地」になった。かくてこの世は、高御産巣日神の出現以来、「天」と「地」と「黄泉」に三分されることとなった。

しかも、それぞれの世界の間の距離は、時間が経つにつれてどんどん離れていった。とりわけ「地」と「黄泉」の間の距離は離れていった。遠心力は働き続けたからであった。そして大国主神が「地」と「黄泉」

の間を往来したのを最後に、もう誰もその間を行き来することができなくなった。生身の人間だけでなく、人の死後の霊さえ往来できなくなった。その点を彼は次のように述べた。

さてかくの如く、天・地・泉と三つに分り竟て後も、天と地は、神々の往来したまへる事実《コトノアト》の多在《オホカレ》ども、地と泉とは、大国主神の往て還坐しゝ後は、神々の現身ながらは更にもいはず、その御霊さへに往来したりし事実も、伝も更に見えざるは、此は伊邪那岐大神の、彼国を甚く悪みおもほす御心に、彼国此国の往還を止め定賜へる、御謂に因ることゝ見えて、いとも畏き御定になむありける。
（『霊の御柱』）

ここではそれを、妻伊耶那美神を「黄泉」にとられた伊耶那岐神の、「黄泉」に対する憎しみに帰して説明しているが、当然それは宇宙の回転運動というものがもたらす必然の結果であった。

ちなみに大国主神が兄たち（八十神）に敗れて、父須佐之男神の支配する黄泉の国に行き、そこで復活の力を獲得して再び地上に戻り、「国づくり」を完成させたというのは『古事記』の記す所で、宣長の弟子篤胤にとっては疑うべからざることであった。だから彼は、それを「地」と「黄泉」間を人が行き来した最後としたのである。

そしてこの、大国主神以降、人は誰も、たとえ死後霊になっても「黄泉」には行けなくなったということこそ、篤胤にとっては要の主張となった。だからその一点に関してだけは、誰にし対しても譲歩しなかった。師宣長に対してさえ「「神も人も、善も悪きも、死れば、皆この黄泉国に往くことぞ」といはれしは、委く考へられざりしゆゑの非説」（『霊の御柱』）と、激しく論難したのである。

ではは人は死後「黄泉」に行けないとすれば、どこへ行くのか。彼は次の如く、この世にとどまると考えた。

> 然在ば、亡霊の、黄泉国へ帰てふ古説は、かにかく立がたくなむ。さもあらば、此国土の人の死て、その魂の行方は、何処ぞと云ふに、常磐にこの国土に居ること、古伝の趣と、今の現の事実とを考わたして、明に知らる。（『霊の御柱』）

そしてその、死後霊たちの止まる所を「幽冥界」もしくは「冥界」と名付け、そこから現世は見えるが、現世からはそこが見えない場所と定義した。

ではなぜ彼は、かかる科学的であることを装いながら、非科学的な推論を重ねたのだろうか。一言で言えば死者をこの世の存在と見立てて、死者との対話を可能にするためであった。だから彼は「神代の神等の、現世人に見えまさねど、今もなほ、其社々に、御身ながらに、隠鎮坐す」（『霊の御柱』）と述べ、死者と対話しようと思えばその死者のために建てられた神社や墓にいけばいいと、死者との対話法にまで言及していた。

ではなぜ死者との対話が必要だったのか。先にも引用したが、次の大日本帝国憲法の「告文」をみれば分かる。

皇朕レ謹ミ畏ミ皇祖皇宗ノ神霊ニ誥ケ白サク、皇朕レ天壌無窮ノ宏謨ニ循ヒ惟神ノ寳祚ヲ承継シ旧図ヲ保持シテ敢テ失墜スルコト無シ。顧ミルニ世局ノ進運ニ膺リ人文ノ発達ニ随ヒ、宜ク皇祖皇宗ノ遺訓ヲ明徴ニシ、典憲ヲ成立シ条章ヲ昭示シ、内ハ以テ子孫ノ率由スル所ト為シ、外ハ以テ臣民翼賛ノ道ヲ広メ永遠ニ遂行セシメ、益々国家ノ丕基ヲ強固ニシ、八州民生ノ慶福ヲ増進スヘシ。茲ニ皇室典範及憲法ヲ制定ス。惟フニ此レ皆皇祖皇宗ノ後裔ニ貽シタマヘル統治ノ洪範ヲ紹述スルニ外ナラス。

徂徠学や宣長学を経て「神々の道」こそ死者の輿論＝法だとの観念が定着した社会において、現実に通用する法をつくりだそうとすると、この、「皇祖皇宗ノ遺訓」、「皇祖皇宗ノ後裔ニ貽シタマヘル統治ノ洪範」と称してプロシア流憲法をつくるというやり方をとらなくてはならなかったが、それを可能にするためには、死者の輿論＝法の作り手たる死者たちをこの世に呼び寄せ、彼らも現代人の列に入れ、彼らと対話する必要があったからであった。

徂徠によって「聖人の道」とされ、宣長によって「神々の道」に置き換えられたこの国の法を、今度は「神々の道」であるとの精神を守りながら、必要に応じて融通無碍に作り、作り替え可能な現代法にするために、篤胤は死者との対話に可能性を開いたのである。祭政一致の形式さえ踏まえれば、プロシア流憲法を「皇祖皇宗ノ遺訓」と言い換えることさえ可能にする論法をつくりあげたのである。

なお付け加えておくとそのことの裏返しが、伊藤博文の名において出された大日本帝国憲法の公式の注釈書『憲法義解』が、実は神々の物語によって満たされていたことであった。どこまでも大日本帝国憲法は「神々の道」であった。

かくて篤胤の学が誕生したことにより、この国はようやく本格的な「立憲主義」国家に向けて発展していく入り口に立ったのである。

だから幕末・維新期、この国は、篤胤の指し示した方向に従い「祭政一致」を政治の理想に掲げ、まずは死者との対話施設の充実に意を用いたのである。文久年間以来、陵墓の比定、修復に励み（文久の修陵）、数多くの神社を建設した。とりわけ神武天皇陵の建設には巨費を投じた。さらには宮中に、建国(神武天皇時代）以来のこの国の全ての国民（死者）を祭るための祭壇を用意した。天照大神を祭る賢所と、歴代天皇霊を祭る皇霊殿と、全ての国民の祖先（八百万の神）を祭る神殿とであった。

また、宣長さえ信じた「神も人も、善も悪きも、死れば、皆この黄泉国に往くことぞ」との、この「俗論」を一掃すべく、人々の気持ちをあの世に誘う代表的な思想、仏教を排斥した。神仏分離令を出し、廃仏毀釈をあおったのである。これも篤胤の指し示した方向であった。

水戸学と「万世一系」天皇の誕生

ただ本格的に「立憲主義」を確立しようとすれば、残された課題がもう一つあった。そこでもう一度先の大日本帝国憲法「告文」を見てほしい。重要なことは「皇祖皇宗ノ後裔ニ貽シタマヘル統治ノ洪範」があっても、それを「紹述スル」明治天皇がいなければ、大日本帝国憲法は生まれなかったということである。死者の輿論としての法――この場合は「皇祖皇宗ノ後裔ニ貽シタマヘル統治ノ洪範」――を、篤胤の論法を用いて死者との対話、祭政一致の実践を通じて取り出すとしても、その死者との対話をとりしきる唯一者の存在がなければ、それはできない。その「祭政一致」の主体を生み出すことが残された課題であった。

そこで必要とされたのが、幕末・維新期の変革思想、水戸学であった。では水戸学とは如何なる思想だったのか。

赫々たる日本、皇祖開闢より、天を父とし地を母として、聖子・神孫、世明徳を継ぎて、以て四海に君臨したまふ。四海の内、これを尊びて天皇と曰ふ。八洲の広き、兆民の衆き、絶倫の力、高世の智ありといへども、古より今に至るまで、未だ嘗て一日として庶姓の天位を奸す者あらざるなり。

君臣の名、上下の分、正しく且つ厳なるは、なほ天地の易ふべからざるがごときなり。ここを以て皇統の悠遠、国祚の長久は、舟車の至る所、人力の通ずる所、殊庭絶域も、未だ我が邦のごときものあらざるなり。豈に偉ならずや。(『正名論』)

これは、水戸学の祖藤田幽谷の、老中松平定信に対して提出したとされる政治意見書、『正名論』の一節であるが、天地開闢以来、万世一系一度も皇統が絶えなかったのは、代々の天皇が人並み優れて立派だったからではなかった。この国の国民にも、「絶倫の力、高世の智」を有する者は、何時如何なる時にも沢山いた。しかし「古より今に至るまで」その中の誰一人として「天位を奸」そうとする者が出なかったから万世一系の皇統は続いたと述べていた。

同じことは、幽谷の後継者であり、吉田松陰ら幕末の尊王攘夷論者たちにも多大の影響を与えた――彼の主著『新論』は当時のベストセラーとなった――会沢安(正志斎)も、次のように述べていた。

帝王の恃んで以て四海を保ちて、久しく安く長く治まり、天下動揺せざるところのものは、万民を畏服し、一世を把持するの謂にあらずして、億兆心を一にして、皆その上に親しみて離るるに忍びざるの実こそ、誠に恃むべきなり。夫れ天地の剖判し、始めて、人民ありしより、天胤、四海に君臨し、一姓歴歴として、未だ嘗て一人も敢へて天位を覬覦するものあらずして、以て今日に至れるは、豈にそれ偶然ならんや。（『新論』）

万世一系天皇が皇位を保ててきたのは、歴代の天皇に「万民を畏服し、一世を把持」する力があったからではなかった。むしろ国民の側に、長い歴史の中で、「敢へて天位を覬覦《きゆ》」しようとする者が一人も現れず、自ずから「億兆心を一にして、皆その上に親しみて離るるに忍びざるの実」が生まれたからであった、と。

ではなぜこの国の「庶姓」には長い歴史の中で一人も、天皇にとって代わろうとする者は現れてこなかったのか。藤田はその原因を次のように捉えていた。

天子垂拱して、政を聴かざること久し。久しければ変じ難きなり。幕府、天子の政を摂するも、またその勢のみ。異邦の人「天皇は国事に与らず、ただ国王の供奉を受くるのみ」と。蓋しその実を指せるなり。（『正名論』）

それは天皇が、長年実際の政治に関わらず、不執政の君主であり続けてきたからであった、と。

これが水戸学の考え方であった。もう一度繰り返すが、長い歴史の中では、天皇にとって代わろうと思えば、とって代われるだけの実力の備えた者はいくらでもいた。にもかかわらず誰一人としてそうしようとした者はいなかった。天皇が万世一系の皇統を継げたのは、その結果だと考える天皇制論であった。

ということは、それは天皇を死者の輿論の代表・象徴として捉える思想であったということになる。代々の国民の合意があってはじめて、万世一系天皇は存在し得たと考えるからである。天皇を死者の輿論の代表——あるいは象徴——と捉える思想、それが水戸学だったのである。

ならばこの水戸学を体制イデオロギーに取り入れればよかった。そうすれば篤胤が用意した言説を頼りに死者たちと対話し、その輿論——「皇祖皇宗ノ後裔ニ貽シタマヘル統治ノ洪範」——を「紹述スル」主体となるのに最も相応しい存在は、万世一系天皇という結論が自ずから出てくるからであった。

そこで、その水戸学的言説に依拠して天皇を死者の輿論の「紹述」者の地位に押し上げ、そのことを通じて、この国に本格的な「立憲主義」と「民主主義」を導入するために断行されたのが、一八六七年一二月九日の次の「王政復古の大号令」の発布——即ち王政復古——であった。

徳川内府、従前御委任ノ大政返上、将軍職辞退ノ両条、今般断然聞シ召サレ候。抑癸丑（ペリー来航）以来未曾有ノ国難、先帝頻年宸襟ヲ悩マセラレ御次第、衆庶ノ知ル所ニ候。之ニ依リ叡慮ヲ決セラレ、王政復古、国威挽回ノ御基立テサセラレ候間、自今、摂関・幕府等廃絶、即今先仮ニ総裁・議定・参与ノ三職ヲ置レ、万機行ハセラルベシ。諸事神武創業ノ始ニ原キ、縉紳・武弁・堂上・地下ノ別無ク、至当ノ公議ヲ竭シ、天下ト休戚ヲ同ク遊バサルベキ叡慮ニ付、各勉励、旧来驕懦ノ汚習ヲ洗ヒ、尽忠報国ノ誠ヲ以テ奉公致スベク候事。

「諸事神武創業ノ始ニ原キ」とは「報本反始」という言葉からきているが、それは神武創業以来の自ら及び全ての国民の祖先たちの恩をかえりみながら、といったぐらいの意味である。それをかえりみながら国家の基本となる法を立て、その下に「縉紳・武弁・堂上・地下ノ別無ク」「至当ノ公議ヲ竭」す政治――「民主主義」政治―を立ち上げるというのが、この内容である。まさに篤胤学的発想に基づく「立憲主義」「民主主義」確立の宣言であった。

そしてその篤胤学的発想にたって「立憲主義」を確立するときに重要となる、「皇祖皇宗」をはじめ「神武創業」以来の全ての国民と対話し、その死者の輿論を法として「紹述」する主体には、「摂関・幕府」ではなく、天皇を置いたのである。そこは水戸学の影響であった。

かくて王政復古を断行することによってこの国は、七百年の試行錯誤を経て、ようやく「民主主義」を規律し、制御し得る法を生み出す能力を手にしたのである。この国の近代「立憲主義」国家としての本格的な発展は、その時に始まった。

なお付け加えておくと、この「王政復古の大号令」を天皇親政実現のための宣言のように受け取る人がいるが、それは間違いである。ここに一切の天皇親政への志向はない。確かに「王政復古、国威挽回ノ御基立テサセラレ候間、自今、摂関・幕府等廃絶」とあり、それは一見天皇親政復活の宣言のようにも見える。しかしその後は「先仮ニ総裁・議定・参与ノ三職ヲ置レ、万機行ハセラルベシ」と続けられている。「摂関・幕府等」に代わるのは、天皇ではなくて「総裁・議定・参与ノ三職」だということになっている。それでは天皇親政は実現のしようがないからである。

そしてそれは当然であった。「王政復古の大号令」に大きな影響を与えた水戸学にとって、天皇とは代々の国民の支持を得てはじめて万世一系の皇統を保てきた存在であった。それを可能にしたのは、ひとえに天皇の不執政だったからであった。

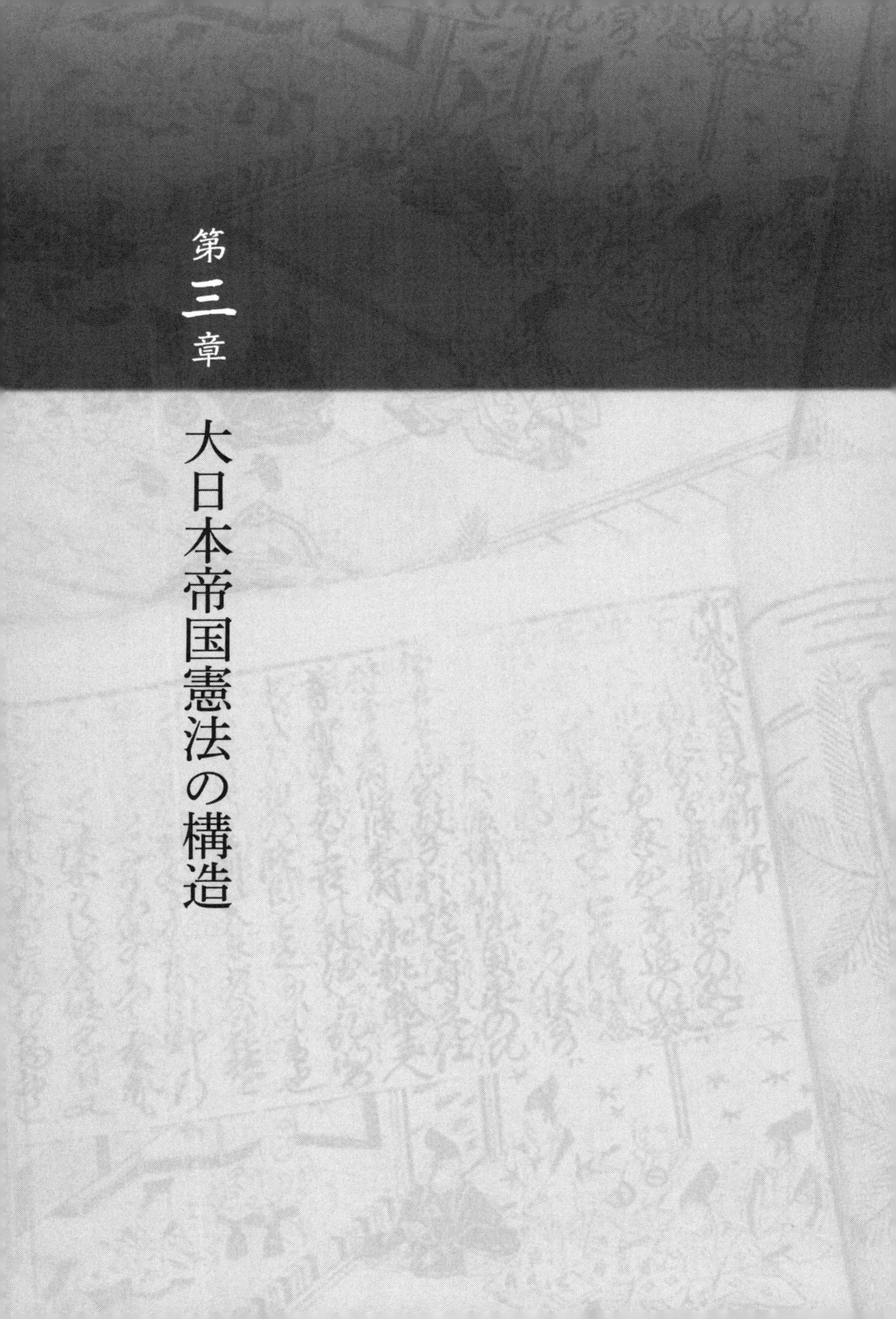

第三章

大日本帝国憲法の構造

ペリー来航のこと

以上私は、日本における「立憲主義」成立の歴史を、鎌倉時代を起点に述べてきた。しかしそういう説明の仕方は、冒頭にでも述べたように、通常誰もしない。そこには、ペリー来航以前と以降では、この国の歴史は全く変わってしまったとの認識があるからである。ましていわんや憲法などといったものは、近代西洋立憲制の影響で生まれたもの以外の何物でもないとの認識があるからである。

しかし私は、ペリー来航でこの国の歴史が一八〇度変わってしまったとの認識が、そもそも間違っていると考えている。少し、冒頭述べたこととは別の角度からの議論を付け加えておこう。

ウォーラステインによれば、資本主義と国民国家を二つの要素とする西洋近代世界システムの膨張が、一九世紀半ばに完成する真の意味での世界システム（世界市場）形成の原動力であったが、川勝平太氏によれば、それは間違いであった。世界市場の形成は次のようなプロセスで進んだ。

まずは、マルコポーロの『東方見聞録』などでよく知られていたアジア文明に対する憧れが、西洋人をして、万里の波涛を越えてアジアに向かわせた。「大航海時代」である。そしてアジアに到達した西洋人たちは、圧倒的に優れた工業製品や、珍しい物産に魅せられ、それらを西洋に持ち帰った。香料、木綿、茶、陶磁器、シルク等々である。しかし彼らは殆ど何も輸出する物を持たなかった。西洋の特産品である毛織物は、アジアでは売れなかった。結局彼らは銀を持ち込むことで、それらの物産を買っていったのである。

しかし一旦もたらされたアジアの物産の影響は絶大であった。たちまち西洋人の生活のアジア化をもたらした。西洋人も日常的に木綿を着るようになり、イギリスではティータイムの習慣が成立した。お茶も、カップも、砂糖も、イギリスにとっては全てがアジアもしくはアメリカからの輸入品であった。ティータイムに必要な物の内、メイド・イン・イングランドはミルクぐらいであった。そしていつの間にか、西洋は、たとえそれが一方的な輸入超過の貿易ではあることは分かっていても、対アジア貿易を止めることができなくなっていた。慢性的な輸入超過に悩まされ、それが金融危機をひき起こす有様であった。

当然対策をとらなくてはならなくなった。ではどうしたのか。西洋は、自らの政治的支配の及ぶ環大西洋経済圏を土台に、アジアからの輸入に対抗するべく、代替産業の育成にとりかかった。アメリカで綿花をつくり、それをイギリスで加工した。そして一九世紀初め、イギリスにおいて産業革命に成功したのである。ちなみに、産業革命が輸入代替産業の発展の結果であったことは、それが西洋の伝統的繊維産業、毛織物産業ではなく、木綿産業で起きたことから、明らかであった。

そして一旦産業革命が成功すると、輸入と輸出のベクトルは逆転した。メイド・イン・イングランドの綿糸・綿布は世界を席巻し、今日につながる世界市場が生まれたのである。

そして川勝氏によれば、重要なことは、日本も西洋とほぼ同じ道を歩んだということである。日本も一五世紀から一六・七世紀——西洋人にとっての「大航海時代」——にかけて、アジア物産の洪水的輸入に悩まされていた。イギリスでティータイムの文化が花開いたように、日本でも茶の湯の文化が花開いた。京都北東の東山山荘（銀閣）を中心に、今日の日本文化の原型となった東山文化を創始し、多くの文化人の庇護したことで知られる八代将軍足利義政の、今日に残るコレクション「東山御物」は、ほぼ一〇〇％輸入品で満たされていた。

輸入の対価は、日本の場合も銀の支払いであった。日本もまたこれといった輸出品を持たなかったからである。だから戦国時代から江戸時代の初めにかけて、国内で石見銀山をはじめ多くの鉱山が開発されたのである。

しかしさすがの鉱業大国日本も、江戸時代に入る頃になると、もうそう無尽蔵に銀を輸出できる国ではなくなっていた。日本も、一七世紀半ば以降、輸入代替産業の育成に取り組まなくてはならなくなっていたのである。

では日本の代替産業育成政策とは。それが「鎖国」であった。対外貿易を最小限化するとともに、沿岸交通（東廻り行路・西廻り航路・南海路）と河川交通の組合せによる国内交通網を整備、発展させ、従来輸入に頼っていた物産を、何れかの地域の特産品に切り替えていく政策であった。南北に長い日本列島の気候的、風土的多様性を見事に活用した政策であった。

そして西洋の代替産業育成政策が産業革命として結実したのと同様、日本の「鎖国」も、代替産業育成政策として成功したのである。一九世紀半ば西洋人が日本にやってきたとき、既にその西洋人によってもたらされた大抵の物産――綿糸・綿布・生糸等――は、国内自給できる体制を整えていたのである。ペリー来航は確かに衝撃的であった。しかし、横浜開港以降、日本経済は極めてスムーズに、ペリーやハリスによって強制的に接続させられた世界市場に順応していくことができたのである。

だからペリー来航によって、この国の歴史を截然と近代と前近代に分かつのは、やはりナンセンスなのである。日本における「立憲主義」の成立を語るに際して、鎌倉時代のことから考え始めたとしても、それは決しておかしなことではなかったのである。

日本「立憲主義」の構造

さて寄り道はこのぐらいにして本題に戻ると、以上見てきたように日本の「立憲主義」は、最後は篤胤学と水戸学の融合によって確立した。だからそこには、二つの特徴が生まれた。

一つは、法は必ず、代々の国民の支持を得て万世一系の皇統を継いできた天皇が、「神武創業」以来この国に生きた、「皇祖皇宗」をはじめとする全ての国民の霊と向き合い対話する――祭政一致を実践する――ことによって、死者の輿論を聴き取る形で発布されるという特徴であった。

一八六八年三月一四日、江戸城総攻撃予定日の前日、新国家の国是である次の「五箇条の御誓文」が発表されたが、その発表のされ方は、天皇が「天神地祇」――「皇祖皇宗」＋全国民の祖としての「八百万の神」――に誓約するという形での発表あった。

一、広ク会議ヲ興シ万機公論ニ決スベシ
一、上下心ヲ一ニシテ盛ニ経綸ヲ行ウベシ
一、官武一途庶民ニ至ル迄各其志ヲ遂ゲ人心ヲシテウマサラシメンコトヲ要ス
一、旧来ノ陋習ヲ破リ天地ノ公道ニ基クベシ
一、智識ヲ世界ニ求メ大ニ皇基ヲ振起スベシ

また一八八一年、「明治一四年政変」が起こり一〇年後の国会開設が約束され、政府は急ぎ憲法の制定にとりかかったが、そのとき示された次の憲法制定方針（大綱領）の中で最も強調されたのは、憲法の制定は欽定主義をとるということであった。

大　綱　領

一　欽定憲法之体裁可被用事
一　帝位継承法ハ祖宗以来ノ遺範アリ別ニ皇室ノ憲則ニ載セラレ帝国ノ憲法ニ記載ハ要セサル事
一　天皇ハ陸海軍ヲ統率スルノ権ヲ有スル事
一　天皇ハ宣戦講和及外国締約ノ権ヲ有スル事

一　天皇ハ貨幣ヲ鋳造スルノ権ヲ有スル事
一　天皇ハ大臣以下文武官任免ノ権ヲ有スル事
一　天皇ハ位階勲章及貴号等授与ノ権ヲ有スル事
一　天皇ハ恩赦ノ権ヲ有スル事
一　天皇ハ議院開閉及解散ノ権ヲ有スル事
一　大臣ハ天皇ニ対シ重キ責任アル事
一　法律命令ニ大臣署名ノ事
一　立法ノ権ヲ分ツ為ニ元老院民撰院ヲ設クル事
一　元老院ハ特撰議員ト華士族中ノ公撰議員トヲ以テ組織スル事
一　民撰議院ノ議員撰挙法ハ財産ノ制限ヲ用ウル事
一　歳計ノ予算政府ト議院ト協同ヲ得サルトキハ総テ前年度ノ予算ニ依リ施行スル事
一　臣民一般ノ権利及義務ヲ定ムル事
一　議院ノ権限ニ関スル事
一　裁判所ノ権限ニ関スル事（『岩倉公実記』）

そして一八八九年二月一一日、先にみたように、「皇祖皇宗ノ遺訓」、「皇祖皇宗ノ後裔ニ貽シタマヘル統治ノ洪範」を天皇が「紹述スル」形、で大日本帝国憲法が制定、発布されたのである。

何れも基本的に、上記の法発布の特徴に添っていた。

そしてもう一つは、その「神武創業」以来の死者と相対して法を「紹述」する主体としての天皇の、徹底した不執政化がはかられたということであった。

一八八五年、大政官制が廃止され、内閣制が施行されたときには、同時に宮中・府中の別の制度化がはかられた。

大日本帝国憲法冒頭の第一条と三条には、次のような規定が置かれ、天皇の政治的不答責＝不執政が明記された。

第一条　大日本帝国ハ万世一系ノ天皇之ヲ統治ス

第三条　天皇ハ神聖ニシテ侵スヘカラス

また同じく大日本帝国憲法の第一〇条から第一六条には、次のような、所謂「天皇大権」が列記され、天皇の「統治権」の及ぶ範囲が限定された。

第一〇条　天皇ハ行政各部ノ官制及文武官ノ俸給ヲ定メ及文武官ヲ任免ス但シ此ノ憲法又ハ他ノ法

律ニ特例ヲ掲ケタルモノハ各々其ノ条項ニ依ル

第一一条　天皇ハ陸海軍ヲ統帥ス

第一二条　天皇ハ陸海軍ノ編制及常備兵額ヲ定ム

第一三条　天皇ハ戦ヲ宣シ和ヲ講シ及諸般ノ条約ヲ締結ス

第一四条　天皇ハ戒厳ヲ宣告ス（以下略）

第一五条　天皇ハ爵位勲章及其ノ他ノ栄典ヲ授与ス

第一六条　天皇ハ大赦特赦減刑及復権ヲ命ス

ただこの点については、通常は天皇の権限を拡張するための条規と理解されているので、若干の説明を要する。

そこで見ておきたいのは、次の井上毅の、これら大権条規に対する批判である。彼は御雇外国人ヘルマン・ロエスレルに質問する形で、次のように述べていた。

国王ハ、国権ノ肖像ナリ。故ニ独逸各国ノ憲法ニ明言シタルカ如ク、国王ハ一切ノ諸般ノ政権ヲ統攬シ、憲法ニ遵ヒ、之ヲ施行スル者ナリ。之ノ主義ニ依レハ、国王ニハ特権アルノ理ナシ。何トナレハ、既ニ統ヘザルノ権ナキトキハ、又特有ノ権アルノ理ヲ見ザレハナリ。英国及其他ノ立憲国ニ於テ、国王ノ特権ト云ヘル文字ヲ解釈スルニ、宣戦講和ノ権・・・・等ヲ以テシタルハ、其他ノ立法ノ権・司法ノ権・貨幣鋳造ノ権……等ヲ以テ国王ヨリ分割シ、国王ノ掌握ニ置カザルノ意義ヲ顕シタル者ナリ（『近代日本法制史料集』第二）

あるいは

憲法ニ君主ノ大権ヲ掲クルニ、甲乙二様アリ。則チ甲ハ、『バウィエル』憲法第二章第一条……ノ如ク

君主ハ、国ノ元首トシ、一切ノ国権ヲ総攬ス

トノ一条ヲ掲ケテ、他ニ諸般ノ王権（例ヘハ宣戦講和ノ権、官吏任免ノ権等）ヲ格別ニ記載セザル者ナリ。乙ハ、仏国ノ王政、又ハ帝政ノ時ノ憲法、及白国・普国ノ憲法ノ如ク、君主権ノ個条ヲ各別ニ記載シ、各条ニ列叙シテ、以テ議院又ハ司法権トノ権限ノ区別ヲ判明ニスル者、是ナリ。……然ルニ、我国ノ憲法ハ、恩典ノ憲法中ノ最モ純粋ナル王命ニ出ル者ナレハ、天皇自ラ発シ玉フ王命ニシテ、自ラ己レノ権力ヲ列叙セラル、ノ要用ナシ。故ニ、乙ノ方法ハ、我カ憲法ノ体裁ニ適セズト謂フナリ。（『近代日本法制史料集』第二）

と。

もし憲法第四条に記されたように、天皇が真に「統治権」の「総覧者」だというのなら、天皇の「統治権」の及ばないことは何もないはずである。従って「天皇大権」を設け、天皇の「統治権」の及ぶ範囲を、天皇の「特権」として列記することは、却って天皇の「統治権」をその列記された「特権」に限定してしまうことにつながる。現にそのようなことをしているのは、イギリスのような、それらの「特権」以外を「国王ヨリ分割シ、国王ノ掌握ニ置カザル」ようにしている国に限られる。それはそれでいいのかとの批判であった。

いたって理路整然とした批判であり、批判されたロエスレルの側も「貴下ノ論説ハ、甚タ真理ニ合ヒ、而シテ其意義深重ナルハ疑ナシ。此問題ニシテ、単ニ学説的ニ論スルヲ得ハ、予ハ、必ス貴下ノ論断ニ同意スヘシ」（『近代日本法制史料集』第一）と答えざるをえない批判であった。

そうした批判と応答が繰り返される中で、この第一〇条から第一六条は「天皇大権」として列記されたのである。

となると、これらの「天皇大権」条規は、直接的には議会の関与から「統治権」の一部を特別に守るための条規とされていたが、やはり実際は井上が予想した通り、天皇「統治権」の及ぶ範囲を、一定の範囲に制限するための条規だったと見るのが妥当である。

確かに日本の「立憲主義」には、可能な限り天皇を不執政の状態に置いておこうとする志向があったのである。そしてそれは明らかに、「天子垂拱して、政を聴かざること久し。久しければ変じ難きなり」と考える、水戸学的天皇不執政論の影響であった。そしてその影響があればこそ、「御一新」も、執政天皇を想定するのならありえない、僅か一四歳の幼仲天皇明治天皇の下で断行されたのである。

大日本帝国憲法の矛盾

ではこの日本の「立憲主義」の抱えた二つの特徴は、実際の憲法の運用にどのような影響を与えたのだろうか。

ここまでは触れてこなかったが、立憲政治の大きな課題の一つに、法と「民主主義」の下に官僚制を統御し、国民に適切な福祉をもたらすということがある。先に掲げた次の日本国憲法前文における「民主主義」の定義にも、傍線部があった。

そもそも国政は、国民の厳粛な信託によるものであつて、その権威は国民に由来し、その権力は国民の代表者がこれを行使し、その福利は国民がこれを享受する。これは人類普遍の原理であり、この憲法は、かかる原理に基くものである。

その官僚制の統御に困難を来した。それが最大の影響であった。

そこで今一度想起してほしいのは、歴史の中で「民主主義」の必要を説いた人たちは、殆ど例外なく、人の欲望に対する諦めを口にし、それを理由に「民主主義」の必要を解いていたということである。

> 古よりまさに大いになすあらんとするの君は、必ず功を立て利を興して、以て子孫の業を胎《のこ》し、当世の名をなさんと欲す。しかるに後世の儒者は、徒らに道徳仁義を談じて、功利を諱《い》み、富国強兵は、黜《しりぞ》けて覇術となす。……殊に知らず、上古、聖人の道を立て教を設くるや、利用・厚生は、正徳の先に在りて、六府・三事、これを九功と謂ふを。孔子の政を論ずるも、また兵を足し、食を足し、民をしてこれを信ぜしむるを以て先となせば、すなはち聖人の功利に汲々たること見るべし。（『丁巳封事』）

この藤田幽谷の言説をもう今一度掲げておくだけで、それは分かっていただけると思う。だから、西郷隆盛が次のように述べた如く、近代の政治は、国民の欲望を上から規制するのではなく、拡大し続ける国民の欲望に対し、従属変数的に振る舞わなくてはならなかったのである。

> 世ハ人心歓欣して流通するを貴び大法を設け甚しきを制する迄ニして、質素節倹等の令ハ必す下すへからす。唯要路の人々ハ質樸ニ行、驕奢の風あるへからす。（「西郷吉之助建白書」）

大日本帝国憲法においても次のような条規が設けられ、「日本臣民」の「自由」が、ほぼ全面的に保障されたのもそれ故であった。

第二二条　日本臣民ハ法律ニ定メタル範囲内ニ於テ居住及移転ノ自由ヲ有ス
第二七条　日本臣民ハ其ノ所有権ヲ侵サルルコトナシ
第二八条　日本臣民ハ安寧秩序ヲ妨ケス及臣民タルノ義務ニ背カサル限ニ於テ信教ノ自由ヲ有ス
第二九条　日本臣民ハ法律ノ範囲内ニ於テ言論著作印行集会及結社ノ自由ヲ有ス

しかし、だからこそ立憲政下の行政は、行政能力を格段に高めるために、官僚化されなくてはならなかったのである。

では官僚制とは如何なるものだったのか。荻生徂徠が人材登用の方法について次のように述べたことにそれは尽きている。「徳なる者は得なり。人おのおの道に得る所あるをいふなり。或いはこれを性に得、或いはこれを学に得。みな性を以て殊なり。性は人人特殊なり。故に徳もまた人人殊なり」、故に「おのおのその性の近き所に随ひ、養ひて以てその徳を成す。徳立ちて材成り、然るのちこれを官にす」（『弁名』）べし、と。

洋の東西を問わず、人それぞれの個性に応じて専門、特化した能力を集めてつくりあげるヒエラルキッシュな行政組織、それが官僚制であった。

だからそれはヒエラルキッシュな組織を目指してつくられながら、必ず専門の分化に添って、分課することを本質とする。専門官庁の集合体として多元的に編制されざるをえなかったのである。しばしば官僚制が「分課の制」と呼ばれる所以である。上記引用文において藤田幽谷が「利用・厚生は、正徳の先に在りて、六府・三事、これを九功と謂ふ」と述べているのは、そのことを指していた。

だからその頂点は「一人」の支配にはなりえなかった。多元化（分課）した専門官庁の長たちの合議体による支配にしかなり得なかった。その合議体のことを通常「内閣」と呼んだのである。

従って官僚制を統御しようと思えば、その合議体としての内閣を統合しなくてはならなかった。「五箇条の御誓文」が第一条において「広ク会議ヲ興シ万機公論ニ決スベシ」としていたのは、そのことへの自覚があったからであった。政治の全体を「大政」とは捉えずに「万機」と捉えたのは、政治が沢山の専門行政（機）の束であるとの認識があったからであった。その「万機」を統合するには「公論」が必要だとの自覚が、この条文を生んだのである。

しかしその内閣の統合は、何処においても困難を極めた。相互に上下関係にない、お互いに質の異なる専門を土台に成り立つ行政官庁間の合議を組織しようというのである。その困難は当り前であった。

当然王政復古後の日本においても、それは困難を極めた。明治〇年代から明治一〇年代にかけて、繰り返し「内閣」が分裂し、時としてそれが内戦や騒乱に発展した有様を見れば、それがわかる。

一八七三年の征韓論争の結果としての内閣の分裂は、西郷隆盛や江藤新平といった下野参議たちを「反乱」に駆り立てた。江藤新平は一八七四年、佐賀の乱を起こし、西郷隆盛は一八七七年、西南戦争を起こした。また一八八一年に起きた、筆頭参議大隈重信の内閣からの追放事件=「明治一四年政変」は、その後数年間続く、激化諸事件の引き金になった。

当然、その、ともすれば分裂の兆しをみせがちな内閣を統合するために、様々な試みがなされた。明治初年の大蔵省に人材と権限を集中するというのもその試みの一つだったし、一八七三年以降の内務省に強力な統合機能を持たせるというのもその試みの一つであった。また内閣の外部に大政官（正院）を設け、国家意思の決定はそれに委ね、内閣は単なる命令伝達機関にするというのもその試みの一つであった。しかしそれらの試みは悉く失敗した。第二の試みに至っては、新政府の中心人物、大久保利通の命を奪って終えた。

大政官を内閣の外に設けてみても、結局その大政官の実質的な構成メンバーである「参議」と、各行政官庁の長である「省卿」を一体化させようとする動き——参議・省卿分離or一致問題——が，その後を追いかけてきて、結局大政官の内閣化が進むだけであった。

維新後二〇年間、内閣を統合しようとしてなされた試みは、悉く失敗に終わったのである。

ではどうすれば内閣に統合を与え、官僚制を「民主主義」に服させることができるのか。一八八五年に制定された内閣制がヒントを与えてくれた。それが画期的だったのは、内閣に他の大臣とはレベルを異にする内閣総理大臣を置いたことであった。内閣に一人の「独裁者」を置くこと、それが問題の解決法であった。

しかし先に述べた日本の「立憲主義」の特徴は、それを阻害する方向に働いた。

第四条　天皇ハ国ノ元首ニシテ統治権ヲ総覧シ此ノ憲法ノ条規ニ依リ之ヲ行フ

憲法上は、この第四条があるので、天皇こそ、その「独裁者」になるに最も相応しい存在ということになったが、天皇不執政へのこだわりは、この第四条を換骨奪胎し、天皇を決して「統治権」の「総覧者」として機能させない方向に作用した。天皇は宮中・府中の別を理由に、ほぼ一貫して内閣に親臨しなかった。

ところが天皇の不執政を守るために、憲法第一〇条から一六条までの「天皇大権」を列記したことが、問題を複雑にした。同じ行政の中に、内閣内的行政と、内閣外的行政を生み出してしまったからであった。行政の二重構造を生み出してしまったからであった。憲法第一一条及び一二条（統帥権）を楯に、内閣からの自立をいう軍部のような存在の発生を許してしまったからであった。いくら内閣を統合しても、それが官僚制全体の統合にならない状況を生んでしまった。となると、官僚制の全体を統合しうるのは、やはり内閣ではなく、第四条で「統治権」の「総攬者」とされた天皇だということになってしまい話はあらぬ方向に走ってしまった。一方で憲法第四条の換骨奪胎を策しながら、他方でその重みを増してしまう矛盾を犯してしまったのである。

そして憲法第四条の重みが増せば、同条をあたかも天皇親政規定の如く解する誤解が生まれた。その結果、次の内閣に関する条規（憲法第五五条）に内閣総理大臣に関する特別な規定を設けることができなかった。設ければ、一見天皇親政規定の如く見える第四条と矛盾してしまうと思われかねなかったからであった。

第五五条　国務各大臣ハ天皇ヲ輔弼シ其ノ責ニ任ス

2　凡テ法律勅令其ノ他国務ニ関ル詔勅ハ国務大臣ノ副署ヲ要ス

そして内閣を統合する一人の「独裁者」が置けないから、益々内閣の統合が困難になってしまったのである。

確かに、天皇不執政へのこだわりは、内閣の統合、官僚制の統合を困難にしたのである。

そして、憲法制定者たちの意に反し、その困難が露呈すればするほど、時の経過と共に、「統治権」の「総覧者」としての天皇の親政への期待が高まり続けるという事態に陥ったのである。「明治一四年政変」

後には、佐々木高明ら侍補グループによる天皇親政運動が起こり、議会開設後には、次の憲法第四九条を楯に、何かあると天皇に「上奏」し、天皇の親裁を仰ごうとする初期議会期の帝国議会（衆議院）の行動が生まれた。

第四九条　両議院ハ各々天皇ニ上奏スルコトヲ得

そして第一次大戦後になると、次の北一輝の国家改造論に見られるような、「国体」の擁護を名目にした天皇親政論が吹き荒れ、国家の存立を大いに揺るがしたのである。


憲法停止。天皇ハ全日本国民ト共ニ国家改造ノ根基ヲ定メシガ為ニ天皇大権ノ発動ニヨリテ三年間憲法ヲ停止シ両院ヲ解散シ全国ニ戒厳令ヲ布ク。

天皇の原義。天皇ハ国民ノ総代表タリ、国家ノ根柱タルノ原理主義ヲ明カニス。

此ノ理義ヲ明カニセンガ為ニ神武国祖ノ創業、明治大帝ノ革命ニ則リテ宮中ノ一新ヲ図リ、現時ノ枢密顧問官其他ノ官吏ヲ罷免シ以テ天皇ヲ補佐シ得ベキ器ヲ広ク天下ニ求ム。

天皇ヲ補佐スベキ顧問院ヲ設ク。顧問院議員ハ天皇ニ任命セラレ其ノ人員ヲ五十名トス。

顧問院議員ハ内閣会議ノ決議及議会ノ不信任決議ニ対シテ天皇ニ辞表ヲ奉呈スベシ。但内閣及議会ニ対シテ責任ヲ負フモノニ非ズ。

華族制廃止。華族制ヲ廃止シ、天皇ト国民トヲ阻隔シ来レル藩屏ヲ撤去シ明治維新ノ精神ヲ明ニス。

貴族院ヲ廃止シテ審議院ヲ置キ衆議院ノ議決ヲ審議セシム。

審議院ハ一回ヲ限リトシテ衆議院ノ議決ヲ拒否スルヲ得。

審議院議員ハ各種ノ勲功者間ノ互選及勅選ニヨル。

普通選挙。二十五歳以上ノ男子ハ大日本国民タル権利ニ於テ平等普通ニ衆議院議員ノ被選挙権及ビ選挙権ヲ有ス。

地方自治会亦之ニ同ジ。

女子ハ参政権ヲ有セズ。

国民自由ノ恢復。従来国民ノ自由ヲ拘束シテ憲法ノ精神ヲ毀損セル諸法律ヲ廃止ス。文官任用令。治安警察法。新聞紙条例。出版法等。

国家改造内閣。戒厳令施行中現時ノ各省ノ外ニ下掲ノ生産的各省ヲ設ケ更ニ無任所大臣数名ヲ置キテ改造内閣ヲ組織ス。

改造内閣ハ従来ノ軍閥、吏閥、財閥、党閥ノ人々ヲ斥ケテ全国ヨリ広ク偉器ヲ選ビテ此ノ任ニ当ラシム。各地方長官ヲ一律ニ罷免シ国家改造知事ヲ任命ス。選任ノ方針右ニ同ジ。

国家改造議会。戒厳令施行中普通選挙ニ依ル国家改造議会ヲ招集シ改造ヲ協議セシム。

国家改造議会ハ天皇ノ宣布シタル国家改造ノ根本方針ヲ討議スルコトヲ得ズ。（「日本改造法案大綱」）

枢密院における憲法草案審議の過程で、枢密院議長伊藤博文が、文部大臣森有礼に反論する形で次のように述べたのは、そうした動きに対する、憲法制定の責任者としての心底からの反論であった。

十四番ノ説ハ憲法学及国法学ニ退去ヲ命シタルノ説ト云フヘシ、抑憲法ヲ創設スルノ精神ハ第一君権ヲ制限シ、第二臣民ノ権利ヲ保護スルニアリ、故ニ若シ憲法ニ於テ臣民ノ権理ヲ列記セス只責任ノミヲ記載セハ憲法ヲ設クルノ必要ナシ、又如何ナル国ト雖モ臣民ノ権理ヲ保護セス又君主権ヲ制限セサルトキニハ臣民ニハ無限ノ責任アリ君主ニハ無限ノ権力アリ、是レ之ヲ称シテ君主専制国ト云フ、故ニ君主権ヲ制限シ又臣民ハ如何ナル義務ヲ有シ如何ナル権理ヲ有スト憲法ニ列記シテ始テ憲法ノ骨子備ハルモノナリ、……十四番ノ修正説ハ憲法ニ反対スル説ト云フヘキナリ、蓋シ憲法ヨリ権理義務ヲ除クトキニハ憲法ハ人民ノ保護者タルコト能ハサルナリ（『枢密院会議議事録』）

反論するに、水戸学的言説ではなく、西欧立憲主義的言説を用いたのである。

また明治天皇が、日清開戦にあたり、「神宮並びに先帝陵」への「宣戦の詔」の「奉告勅使」派遣に際して、

次のように述べ一時その人選を拒否するという挙（ストライキ）に出たり、

其の儀に及ばず、今回の戦争は朕素より不本意なり、閣臣等戦争の已むべからざるを奏するに依り、之を許したるのみ、之れを神宮及び先帝陵に奉告するは朕甚だ苦しむ（『明治天皇紀』第八）

昭和天皇が、日米開戦にあたって、次の弁明にあるように、「立憲国の君主」らしく不執政を貫こうと苦心惨憺したのも、その種の動きに対する、彼らなりの必死の抵抗であった。

翌三十日、高松宮が昨日の様子をきゝに来た。そして「今この機会を失すると、戦争は到底抑へ切れぬ、十二月一日から海軍は戦闘展開をするが、已にさうなつたら抑へる事は出来ない」との意見を述べた。戦争の見透に付ても話し合つたが、宮の言葉に依ると、統帥部の予想は五分五分の無勝負か。うまく行つても、六分四分で辛うじて勝てるといふ所ださうである。私は敗けはせぬかと思ふと述べた。宮は、それなら今止めてはどうかと云ふから、私は立憲国の君主としては、政府と統帥部との一致した意見は認めなければならぬ、若し認めなければ、東条は辞職し、大きな「クーデタ」が起り、却て滅茶苦茶な戦争論が支配的になるであらうと思ひ、戦争を止める事に付ては、返事をしなかつた。（『昭和天皇独白録』）

政党政治へ

しかし内閣の合議をリードできる一人の「独裁者」が生めないというのは困った。それを生めず、内閣の統合ができず、官僚制が統御できなければ、「人民の人民による」政治はできても、「人民のための」政治ができないからである。当然何らかの方法でその欠陥は補われなくてはならなかった。では如何なる方法が考えられたのか。

制度を盾に取って正面切って生めないのなら、非制度的な方法で生むしかなかった。ではその方法とは。それが政党政治の実現だったのである。議会多数派に基礎を置き、同じ主義主張で集まった者たちが内閣を牛耳る。そうすれば、同じ主義主張で集まった者たちのもつカリスマ支配のルールを内閣に持ち込むことができるので、自ずから政党党首がその地位を占める内閣総理大臣の内閣に対するリーダーシップは強まるからであった。

そこで改めて政党とは何かを見ておくと、穂積八束は次のように述べている。

議院の運用は多く政党に依る。政党なる者は独立独歩して投合するものなれども、その実は多数を以て少数の行動を検束する団体たり。多数以て少数を検束すと謂う、是れ亦実は虚名のみ、その真相は正に相反し、僅々少数幹部の意見、即ち党議として全党員を拘束するが力を有するのみ、その最訓練ある者に至りては、首領一人の意志即ち絶対の党議となるに足る。是れ君主制に帰着するに非ずして何ぞや。(『憲政大意』)

それは「多数以て少数を検束す」という大義名分の下、「僅々少数幹部の意見」、さらには「首領一人の意志」が「絶対の党議」となって「全党員を拘束」する組織だと。この政党の機能を活用することであった。

しかもそれは憲法第一〇条に基づき、天皇が内閣総理大臣という名の国務大臣に、政党党首を任命しさえすれば、制度上は簡単に実現できることであった。

かくて我々の常識とは少し異なり、明治国家の指導者たちは、非常に早い段階から、チャンスさえあれば、政党政治の実現を目指して動いたのである。

一八八一年には、当時筆頭参議であった大隈重信が次のように「若シ政体ニ於テ国人ノ輿望ヲ表示セシムルノ地所アランニハ、其輿望ヲ察シ以テ人物ヲ任用セラルベキハ無論ナリ」と述べ、イギリス型政党内閣制の導入に向けて動いた。

君主ノ人物ヲ任用抜擢セラル丶ハ固ヨリ国人ノ輿望ヲ察セラルベキコトナレドモ、独裁ノ治体ニ於テハ国人ノ輿望ヲ表示セシムルノ地所ナキガ故ニ、或ハ功績ニ察シ、或ハ履行ニ求メ其最国人ノ為メニ属望セラルベシト叡鑿アル人物ヲ延用シテ政務ノ顧問ニ備ヘラル、モ、是レ已ムヲ得ザルニ出ル者ナリ。若シ政体ニ於テ国人ノ輿望ヲ表示セシムルノ地所アランニハ、其輿望ヲ察シ以テ人物ヲ任用セラルベキハ無論ナリ。（「大隈重信奏議書」）

確かにそれは少し早過ぎた感があり、「明治一四年政変」によって阻止されたが、憲法が制定され、一旦議会が開かれると、政党政治実現への流れは、もう止めようのないものになっていた。

一八九八年には、自由党と進歩党が合同して誕生した憲政党を土台に最初の政党内閣、大隈重信内閣――板垣退助が内務大臣として入閣したので隈板内閣と通称された――が誕生した。

また一九〇〇年には伊藤博文が、憲政党分裂後、憲政党の名を継いだ旧自由党系議員を母胎に立憲政友会を結成し、それを土台に第四次伊藤内閣を組織した。そしてそれは、伊藤の後を継いで立憲政友会総裁となった西園寺公望の率いた二次にわたる内閣に引き継がれた。

一九一二年、第一次護憲運動の前にその第三次内閣を崩壊させられた桂太郎も、下野後は一転、立憲同志会の結成に乗り出し、後の憲政会・立憲民政党の基礎をつくった。

一九一八年には、華族の称号もなく――従って「平民宰相」と呼ばれた――藩閥政治家としての経歴も持たない原敬が、純粋に立憲政友会総裁としての立場において本格的な政党内閣を組織し、以後の、政党政治が「憲政の常道」として認識される時代の、突破口を開いた。

安定しない政党政治

ただそこで問題は、では政党政治は安定したかというと、決して安定しなかったということである。一九三二年五月に五・一五事件が起き、犬養毅政友会内閣が倒壊すると、もう敗戦まで、一度も政党政治が復活することのなかったことを見るだけで、それは分かる。

ではなぜ、政党政治は求められながら、安定しなかったのか。この国で最も早く政党政治の必要に気付き、盟友大隈をして、一八八一年に上記の「大隈憲法草案」を出さしめた福沢諭吉の言説を頼りに見ておくと、

我人民智徳の度を察するに、概して未だ高尚の域に至らずして自主自治の気風に乏しく、百千年来人に依頼して人の制御を受け、所謂政治之思想無きものなれば、国の政権に参与するが如きは此輩の知る所に非ず、又欲する所に非ず。其欲せざる所の者を将《もつ》て強て之れに与へんとし、其知らざる所のものを以て強て之に勧めんとするは、唖人に呈するに歌曲を以てし、跛者に教えて馬に騎せしむるに異ならず。本人の為めに謀り、啻に快楽を感ぜざるのみならず、却て痛苦を覚ゆるに足る可し。(『国会論』)

かかる有権者の政治的無関心、さらにはその有権者が選挙にあたって示す極端な私利私欲に堪えて理性的な輿論を形成しうる政党とは、まさに「多数以て少数を検束す」という大義名分の下、「僅々少数幹部の意見」あるいは「首領一人の意志」を以て「絶対の党議」としうる政党でなくてはならなかったが、その種の政党の立ち上げが、必ずしも容易でなかったからであった。ともすれば政党が、福沢が次ように批判した、ただ有権者に媚び、「唯原案破毀の一点」に熱狂するか、「租税は寛ならんことを欲し民費は少なからんことを希」うこと——「経費節減・民力休養」要求——ぐらいしかできない議員によって占められる現実が、容易には克服できなかったからであった。

議事の利害をば第二着のこととして、議員の熱心は唯原案破毀の一点に在るもの少なからず。……今の政談論者の本音は只管政府の権力を退縮せしむるに汲々として止まざる者と云はざるを得ず。又論者は頻りに人民の利益を謀る者なりと自から称して、租税は寛ならんことを欲し民費は少なからんことを希ひ、年来政府が税法を弛めて為に論者の議を招きたることなく、又論者が新に収税の法を工夫して増税の事に論及したることもなく、結局其旨とする所は益租税を薄くして斯民を休養するの一点に在るが如くして、人民も亦自家の勝手より此旨を信じて疑はざることならん。(『時事小言』)

そしてそのことは政党のリーダーたちもよく承知していた。だから立憲自由党は自らが「経費節減・民力休養」要求に終始した第一帝国議会が終わると、さっそく次のような論理に基づく、「総理」独裁を強化するための党改革に取り組んだのである。

代議士は一国の輿論を代表すへき者なれは輿論の決する所に由て其法を立て政を施すは当然の事なり。然れとも輿論も亦た時として其方向を誤ることあり、道理に違ひ正義に悖る所の者は妄りに之を行ふを得す。国家に主権あるは此道理を行ひ正義を全ふするか為なり。故に輿論と雖も道理に違ひ正義に悖る所の者は之を棄却するの権あり。……政党は国家の政治に参与するものなれは同しく此定則に従はさるを得す。一党の内に於ても党員は以て其党の輿論に従はさる可らすと雖とも、唯た多数の議論を以て定論と為し道理に違ひ正義に悖る所あるも妄りに之を行ふに於ては唯た党衆を以て主権者と為し、而して総理を置くの必要なし。且つ政党は政府の如く其組織の整頓したる者に非らす。故に政党の総理には其任する所の権更に大なるを要す。(「党報」)

輿論は通常正しいが、時として間違うこともある。従って国家の主権者には、たとえ輿論ではあっても「道理に違ひ正義に悖る」ときは、それを「棄却」する権利が与えられている。同じことは政党についてもいえる。政党においても、「党員」は、通常党の輿論(党議)に従わなくてはならない。しかしそれも「道理に違ひ正義に悖る」ことがある。その場合には、党の「総理」がそれを「棄却」する権利を持つ、との論理であった。

そしてこの種の改革はその後も繰り返された。しかしそれが実を結ぶことは、ついになかったのである。むしろ政党政治は、有権者や代議士の私利私欲に振り回され不断に金権腐敗政治のシンボルになり続けたのである。

原敬は、組閣に際して三浦梧楼の訪問を受けた折のことを、日記（一九一八年九月二九日）に次のように書き記している。

三浦（梧楼）は去二十五日熱海より帰京、余の為め大に尽力する積にて山県など訪問し、余にも会見を申越来るも、余の内心には到底種々の分子を人材なりとて招致するも内閣の一致を期する事難く且つ時日も遷延して無益の紛争を醸すの虞もあるに付何人にも協議せず、只一応西園寺の意向を聞きたるのみにて決定したるものなれば、折角三浦の厚意も無にする様にて心外なれば本日夕刻直に彼を訪問して事情を述べ、又将来は局外より時々の注意をなす事の外に此内閣の民望如何には常に注意し居りて余の自覚を待たず、局外の注意を請ふ旨依頼せり。（『原敬日記』）

ここには、内閣には優れた人材を集めよと説く三浦と、人材払底の党の現実を直視せざるをえない原の、心理的葛藤が垣間見える。

原でさえこの苦悩を背負ったのである。だから政党内閣は容易にその不安定さを脱し切れなかったのである。

第四章

美濃部達吉憲法学への跳躍

——そして「世界最終戦」へ

美濃部憲法学とは

さてそれでは政党政治を安定させ、ひいては立憲政治を安定させるためにはどうすれば良かったのか。結局、議会に表現される輿論を、より理性的なものに作り替えるしかなかったが、実はそのための方法を提起したのが、東京帝国大学の憲法学の教授美濃部達吉であった。

では、世に名高い美濃部憲法学（天皇機関説）とは、一体如何なる学説だったのか。ものの本質は批判者の目を通して見た時に意外とよく見える。そこで美濃部の論敵穂積八束の目を通して見てみよう。それは、穂積が、次のように激しく批判した学説であった。

自然人に「固有ニシテ自由ナル意思ノ存在」するのは、当然のことである。ただ「法」は、「自然人単個ノ生命ハ余リニ短ク其孤独ノ力ハ余リニ微弱ニシテ社会的永遠洪大ノ事業ヲ遂行スルニ適セサル場合多キガ故」に、「個人ノ生命ヲ延長シ個人ノ力ヲ強大ニシ、以テ此ノ社会的ノ須要ニ応」ぜんがため、「結社」や「団体」にも「法律関係ノ主体」（法人格）になることを認めている。しかしだからといって、「結社」や「団体」＝法人に、自然人同様の、それ自体の「意思」が備わっているわけではない。法人の「意思」は、たまたまその法人の「代表」の地位についた自然人の意思を以て、便宜上その「意思」と看做しているにすぎない。「代表」と法人の間に代理関係はない。予め存在する法人の「意思」を、「代表」が代理、代弁するという関係はない（「代人関係ト代表関係トノ区別」）。「人間以外ニ人格ナシ」、「肉体ノ人即チ人格ナリ人間ノ外ニ社会ノ福利ヲ享有スヘキ主体アルコトナシ」（「法典及人格」）である。だから「天皇ハ即チ国家」（「帝国憲法ノ法理」）なのである。

従って次のように主張し、あたかも国家という「団体」それ自体に固有の「意思」が備わっているかのようにいう美濃部の考え方は、到底受け入れられないというのが、穂積の美濃部批判であった。

統治権は国家の権利であつて、君主の権利でもなく国民の権利でもない、統治権は国家といふ団体の共同目的を達するが為めに存する所の権利で、其の団体自身が統治権の主体と認むべきことは、当然であります。君主が主権者であるといふのは、君主が国家の最高機関であつて国家内に於て最高の地位を有する者であることを意味するものと解すべきであります。主権者といふ語は、極めて普通な語でありますから、其の語を使用するのは、敢て差支は無いが、唯其の意味を正解することが必要で、決して統治権の主体といふ意味に解してはならぬのであります。（『憲法講話』）

美濃部憲法学の最大の特徴は、国家を法人と看做すことそれ自体にあったのではない。それだけであれば、穂積もそう看做していたし、上杉慎吉もそう看做していた。一木喜徳郎も、さらには憲法の制定に深く関わった井上毅もそう看做していた。一八九三年に著した「君主循法主義意見」と題する論考において、井上は「独乙学者ノ説ニ従ヘバ「君主ハ国ノ上ニ在ラズ又国ノ外ニ在ラズ而シテ国ノ中ニ在リテ国ノ最高機関タリ」トイフ。是即チ君主モ亦法律ノ範囲内ニ在ルベキ主義ノ基ク所ヲ説明スルモノニシテ我カ憲法ニ国ノ元首トイヘル大義ト正ニ相符合スルモノナリ」と述べていた。

美濃部憲法学の特徴は、国家を、法の力によって人格を与えられた法人同様の団体と看做す域を超えて、それ自体が固有の意思をもつ、自然人同様の存在と看做したことにあった。「団体そのものを恰も生存力を有つて居る活物の如く看做」（『憲法講話』）すとは、彼の首尾一貫した考え方であった。その主著『憲法撮要』においても、次のように述べていた。

団体意思ハ一定ノ目的ノ為ニスル多数人ノ組織的結合体ガ其ノ目的ノ為ニスル意思ヲ謂フ。団体ハ自己ノ目的ヲ有シ、随テ又其ノ目的ノ為ニスル意思力ヲ有スルモノトシテ認識セラルルナリ。機関意思ハ団体ノ機関ガ団体ノ目的ノ為ニスル意思ヲ謂フ、団体ノ目的ノ為ニスルモノナルヲ以テ、心理上ニハ機関ノ地位ニ在ル個人ノ意思ナルモ、法律上ニハ機関意思トシテ認識セラレ、個人意思トハ区別セラル。（『憲法撮要』）

この、国家を自然人同様それ自体固有の意思をもつ存在として捉えることが、美濃部憲法学の最大の特徴だったのである。

だから美濃部憲法学においては、団体としての国家を代表し、その意思を表現する個人、もしくは諸個人は、あくまで、自己の意思の外に予め存在する国家それ自体の意思をただ代理、代弁するだけの存在であり、団体意思を主体的に形成する個人もしくは個々人ではなかった。だから彼らは「機関」と呼ばれ、独立の主体とは看做されなかったのである。胃腸や肝臓といった有機体の諸機関（器官）が、決して有機体それ自体の意思に反して自らの意思をもたないことになぞらえられたのである。

議会も「機関」であり、天皇も、「最高機関」と特別視はされていても、所詮は「機関」であった。

ではなぜ美濃部は国家を、それ自体意思をもつ存在と捉え、天皇や議会をその意思をただ代理、代弁するだけの「機関」と捉えたのだろうか。

「議会は国民の委任による代表機関ではない」（『議会制度論』）というためであった。議会を、ランダムで恣意的な一人一人の国民の意思を集め、それを代表する機関と看做すことを止め、一人一人の国民にとってはアプリオリな、予め存在する国家それ自体の意思を代表し、むしろそれを国民に教化するための統合機関と看做すためであった。

それができれば、議会や政党の意思形成は、その予め存在する国家意思の何たるかを知る能力をもった少数のエリートに委ねられ、その結果、先に見たような、有権者の政治的無関心や私利私欲に振り回される議会や政党の有様は克服できる。美濃部が次のように思い描いた、理想の政党政治の実現が可能になるはずだからであった。

選挙人の投票に依つて決する所は、唯各政党がそれへ国民の中の幾何票の支持を受くるかを見ることにのみ止め、随つてそれに依つては唯議員総数の中各政党から幾何の議員を出すかを定むることにのみ止めんと欲するものである。而して各政党より議員となるべき人を選定するの権は、専ら之を各政党自身に委ね、各政党から予め順位を定めて候補者名簿を届け出でしめ、其の順位に従て、最高順位の者から順次選挙に依つて定まつた員数に満つるだけの当選者を得せしめようとするのである。それは、従来の選挙制度に加ふるに任命の分子を以てせんとするもので、従来の制度に於いては国民が自ら議員を選出したのに対し、自分の提案に於いては、国民は唯何れの政党を支持するかの意思を表示するに止めしめ、議員それ自身は各政党に於いて之を任命するものたらしめようとするのである。（「選挙革正論」）

その理想の政党政治とは、党首独裁型の、選挙に際しては、素直に選挙民の意見を聞くのではなく、国家それ自体の意思を慮って党幹部らの考えたあるべき輿論——政策のパッケージ——を選挙民に問い、支持をえることによって、それを輿論の如く装うタイプの政党を土台にした政党政治のことであった。国家それ自体の意思に国民を統合するための政党政治であった。

国家それ自体の意思の表し方——主権の自己制限論

しかしこの、国家というものにはそれ自体に意思があり、天皇や議会はただ「機関」としてそれを代理、代弁しているだけだという考え方を、実際に取り入れようとすれば、ではその天皇や議会によって代理、代弁される以前に存在している国家それ自体の意思とは、どのような意思なのか、それは如何にして認識し得るのか、その問いにも答えなくてはならなかった。

そこで美濃部がもち出したのが、師イエリネック——国家法人説を提唱したドイツ国法学者——から学んだ、主権の自己制限論であった。

それはまず、主権国家の「主権」の本質を次のように捉える考え方であった。

> 最高又は独立とは、自分以上に如何なる権力も存せず、自分の意思に反して他の如何なる意思に依つても支配せられないことを意味するのであつて、何等の積極的の内容を有せず、純然たる消極的の観念である。Supreme, independent, hõchst, unabhängig などの語が之に相当する。一は人を支配することであり、一は他から支配せられないことである。（『日本憲法の基本主義』）

それは「自分の意思に反して他の如何なる意思に依つても支配せられない」意思のことである、と。

しかし考えてみれば、あらゆる主権国家は、ただ一国だけで存在することはない。必ず回りを、同様の主権をもつ多くの国家に囲まれて存在する。ならば、もし主権が「最高独立」の意思だというのであれば、あらゆる国家は、「最高独立」の意思と、「最高独立」の意思の非和解的なせめぎあいの中に生きていることになる。それは矛盾であった。「最高絶対」と「最高絶対」とは、決して並立し得ないからである。一国を残して他国は全て亡びるという状況を想定する以外、それはあり得ないことだからであった。

ではなぜ主権国家は並存できるのか。その主権＝「最高独立」の意思論に立っても、次のように考えることができるからであった。

国家は最高独立他の権力の支配の下に立つものではないから、自己の意思に反して他の権力に依つて其の意思を制限せらるゝことの無いもので、若し「制限」といふ語の他の意思に基づく制限といふ意味に限定して解するならば、其の意味に於いてのみは、国家は或は無制限の意思力を有するものと謂ひ得るであらう。併しそれは決して絶対に無制限であるといふのではなく、唯自己の意思に反して他の意思に依る制限を受けないといふに止まる。……国家の意思力は二つの方面に於いて必然の制限を受くるもので、其の本質上決して絶対の無制限ではあり得ない。其の制限は、一は自然力に依る制限であり、一は自律的の制限である。自然力に依る制限の殊に重要なものは、社会に於いて自然に発達する慣習法及び理法であつて、就中国際慣習法及び国際理法は国家を拘束する最も顕著なものである。自律的制限は国家自身の意思に依るもので、国内に於ける総ての制定法及び国際条約は之に属する。（『日本憲法の基本主義』）

確かに「国家は最高独立他の権力の支配の下に立つものではないから、自己の意思に反して他の権力に依つて其の意思を制限せらるゝこと」があってはならない。その意味で国家は「無制限の意思力を有」していなくてはならない。ただそれは「自己の意思に反して他の意思に依る制限を受けない」というだけのことであって、「自己の意思」によってその「他の意思に依る制限」を受け入れることまでは排除しない。その場合には、回りからの制限を受け入れても、それは、主権の「最高独立」性の侵害にはならない、と。

これを主権の自己制限論といったのである。確かにこのような考え方に立てば、主権国家と主権国家の並存は可能になる。

例えば、「連盟（国際連盟）に加はることに依りて、国内法上に於ける国家の統治権が種々の点に於て制限せらるる」ことは間違いない。「殊に日本の憲法に付て曰へば、天皇の憲法上の大権として定められて居る事項に付ても連盟規約に依りて制限を受くるものが少くない」。しかし「之を以て日本の憲法に抵触するものとするのは決して正当の見解でない」。なぜならば「此等の総ての制限は何れも法律上天皇の意思に出づるものであつて、即ち大権の自ら加ふる所の制限に外ならぬのであるから」（『時事憲法問題批判』）である。こう考えることが可能になるからである。

そしてこの主権の自己制限論に立つことが、実は、国家それ自体の意思の実在を証明し、それを客観的に示すことにつながったのである。

この主権の自己制限論にたてば、あらゆる国家は、常に外から加えられる力、とりわけ他国や国際社会から加えられる力を、自己制限として受け入れて、自らの国家意思を形成していることになる。そのようにして形成された意思は、まず、一人一人の国民の意思を積みあげられた意思とは、全く次元を異にする意思である。ということは、それが国家それ自体の意思ということになる。しかもその意思は、国際社会の力関係等によって関数的に決まるのであるから、極めて客観的なものになるはずである。ワシントン海軍軍縮条約を締結した結果日本がもった「主力艦（戦艦・巡洋戦艦）保有は対英米六割を上限とする」との国家意思は、まさに国際社会における力の関数値以外の何物でもなかったことが、ヒントになる。

かくて主権の自己制限論に立って、国際社会の力の関数としての国家それ自体の意思を客観的に確定し、政党の「僅々少数幹部の意見」もしくは「首領一人の意志」を以て「絶対の党議」とする機能をフルに活用して、それを適切にその代理・代弁「機関」たる議会の意思＝輿論にしていくことが、この国に、真に安定した政党政治をもたらす方法ということになったのである。

しかし当然のこととしてその方法の実現はイバラの道であった。本書冒頭でも引用したが一九三〇年代、美濃部が次のようにいい、一見反政党主義的言説を弄したことも、そのイバラの道程の一里塚ならではのことであった。

代議制の国家の本質に関する旧来の自由主義の思想は、仮令其の中に貴重な倫理的の価値を含んで居るにしても、之を再び貫徹することは望み難い。それであるから政党国家を離るる為には大衆的民主政治から脱出するか又は之に打勝つの外はない。それには「平等主義」の民主政治を貴族化して首領寡頭政治に変化せしめ、以て無責任なる政党組織及び政党の背後に匿れて居る一層無責任な勢力に代ふるに、独立な随つて責任ある指導者を以てせしむることも思考し得べき所であり、又それが既に発達の端緒に在るとして居る者も少くない。（『憲法と政党』）

外から関数的に与えられる国家それ自体の意思を、議会の意思に翻訳する装置としての政党は、「議会は国民の委任による代表機関」との前提にたって成り立つ従来の政党とは、相当に趣を異にする政党であった。そうした新たな政党を生み出す過渡期には、政党批判もまた必要だったのである。

しかし極端な反語は誤解を招く。斎藤実、岡田啓介と二代続いた海軍出身の総理大臣の下で、彼が次のような国家それ自体の意思を察知するシステムを確立すべく「各政党の首領、軍部の主脳者、実業界の代表者、勤労階級の代表者等を集めた円卓巨頭会議」構想をまとめあげたとき、それは反立憲主義的試みと映り、国体明徴事件（天皇機関説問題）が起こり、彼の本格的な政党内閣の実現に向けての模索は、敗戦まで一〇年の中断を余儀なくされるにいたったのである。

吾々は余りに多く政党政治の弊害を見せられて居る。政党に対する国民の信用は殆ど地に堕ちて居ると謂つても甚しき過言ではないであらう。今俄に政党を信用せよと謂はれても、それは無理な要求と謂はねばならぬ。

それであるから、議会に基礎を有する内閣と謂つても、若し是までのやうな政党政治を繰り返へすことであれば、それは却つて益々国難を加ふるに止まるであらう。

従つて単純に立憲政治の常道に復するといふことだけでは吾々は到底満足し得ない。吾々の希望し度いことは、此の際各政党の首領、軍部の主脳者、実業界の代表者、勤労階級の代表者等を集めた円卓巨頭会議を開き、其の総てが党派心や階級心や私心を去り、虚心坦懐に真に国家及国民を念として財政及経済の確立に付き根本的の方針を議定し、此の大方針の遂行に関しては、恰も戦争に際した時の如く、暫く政争を絶つて、挙国一致内閣を支持することである（「非常時日本の政治機構」）。

美濃部憲法学から「世界最終戦争」論へ

さてそこで少し視点を変えておきたいのは、以上述べてきた美濃部憲法学というのは、日本における政党政治の行き詰まりに対処するためだけに産み落とされた憲法学だったのだろうかということである。決してそうではなかった。美濃部が活躍を始めた二〇世紀初頭において、政党政治や議会制民主主義の行き詰まりは、何も日本だけの現象ではなかった。ドイツ人憲法学者カール・シュミットが一九二〇年代の初め（一九二三年）次のように述べていたように、「民主主義」や「立憲主義」がプラスの価値観を伴って語られる時代は、一九世紀に終わっていた。

一九世紀については、政治上および国家理論上の思想の歴史が、ひとつの単純な標語でもって概観される。すなわち、民主主義の凱旋行列ということである。西ヨーロッパ文化圏のいかなる国家も、民主主義の思想と制度の伝播に耐えぬいたものはなかった。プロイセン王朝におけるようにつよい社会的力が抵抗したところでもまた、民主主義の信念にうち勝つことのできるような、自国の範域を超えて作用する精神的エネルギーは、欠けていた。進歩は、まさしく民主主義の伝播と同義であり、反民主主義的な抵抗は、単なる防衛であり、過去の遺物の弁護であり、新しいものに対する古いものの闘争なのであった。政治および国家についての思考のどの時期も、その時代にとって特殊な意味で自明に見え、おそらく多くの誤解と神話化のもとでとはいえ、広範な大衆にとって議論の余地なくはっきりしているような、諸観念をもっている。一九世紀において、また、二〇世紀にはいっても、この種の自明性と名証性は、たしかに、民主主義の側にあった。……それが既存の君主主義の否定という本質的に論争的な概念であったかぎりにおいて、民主主義の確信は、他のいろいろな政治的志向と結合し協力しえた。しかし、民主主義が現実となるにつれて、それが多くの主人につかえるものであり、内容的に一義的な目標を決してもたないことが、明らかになった。それは、その最も重要な敵対者である君主主義的原理が消滅したとき、内容の明快さをおのずと失い、あらゆる論争的概念と同じ運命をわかつことになった。(『現代議会主義の精神史的状況』)

二〇世紀になると、議会制民主主義や政党政治は、各国で混乱状態に陥っていた。立憲政の祖国イギリスにおいてさえ、保守・自由党の二大政党制は崩壊に向かい、社会主義者(労働党)の助けを借りなければ成り立たない現実が進行していた。日本における政党政治の不安定さも、考えてみればその一部であったのかもしれない。その現実に美濃部は立ち向かっていたのである。

そしてその現実を克服するための方法が、社会契約論的な国家観を脱却し、国家法人説的な国家観をとること、言い換えれば国家を一人一人の個人の集合体と捉えることをやめ、それ自体意思をもった一つの有機体(人格)として捉えることであったことも、世界的に共通していた。

だから思想的には社会有機体説やヴェーバー社会学のようなものの見方が、一世を風靡し、現実的には、国家存立の基盤を「社会契約」から「民族自決」に移す動きが加速したのである。一九世紀には一定の域内に住む人々の合意が、国家存立の第一義的な基礎であったが、二〇世紀になると、単なる個々人の集まりではない、それ自体一つの意思をもった有機体としての民族の実在が、その基礎になり始めていた。そして第一次大戦後発表されたアメリカ大統領ウィルソンの一四箇条が、その動きを不可逆的なものにした。

とりわけ東アジアにおいてその動きは、強く、早く現れた。一九世紀の末には、その動きを促すことで、日本や中国をはじめアジア諸国の独立（脱植民地化）を支援したアメリカの影響が地域全体を覆ったからである。日清戦争後の西洋列強による中国分割を、アメリカが「門戸開放・機会均等」の原則を掲げて阻止したこと、とりわけロシアの満州占領を、その原則を掲げることで、日本と共同して排除したこと（日露戦争）は、その影響の広がりの証しであった。

国家存立の基礎を民族の実在に置く。それは国家を、それ自体意思をもった有機体（法人）と看做すということと、ほぼ同義であった。だから国家法人説をとった点においても美濃部の考え方は、二〇世紀において普遍的な考え方だったのである。

その意味で、日本の政党政治の不安定さを克服するだけでなく、二〇世紀世界の直面した「立憲主義」「民主主義」の危機を打開するためにも、美濃部はその思考を凝らしていたというべきである。

ただそこで大事なことは、国家法人説をとり民族自決の原則に立てば、国家意思の形成に議会制民主主義は、原理的には、必要なくなるということであった。なぜならば国家意思の形成は、代議制システムを通じて一人一人の意思を積み上げ、その上に単一の意思を形成することではなくなり、一つの有機体としての国家や民族それ自体の意思を発見することになったからである。当然その発見はごく少数のエリートの役割となる。

だから面白いのは、二〇世紀に入ってから民族自決権を根拠に「独立」——もしくは近代国家化——を遂げた多くの国が、立憲政体の採用にさほどの関心を示さなくなっていたことであった。代表的な国は中国である。中国においても康有為や梁啓超など一九世紀末（清末）の改革派は、西洋や日本に倣って、立憲政体を樹立することを改革の目標としていた。しかし実際に辛亥革命（一九一一年）を指導し、中華民国建国の父となった孫文は、立憲政体の樹立に、言葉の上だけの関心は別として、一切の関心を示さなかったのである。中華民族の意思の何たるかを知る少数のエリート集団（党＝国民党）による独裁を以て国制に代えたのである。それこそが強固な国家意思を形作り、発現させる方法だと考えたからであった。

あるいはヒトラー率いるドイツが、自らをアーリア人共同体（民族）と理解し、議会制民主主義を排して、ナチスの一党独裁を実現したことも、その事例の一つなのかもしれない。

従って美濃部憲法学も、一歩間違えば立憲政体の否定につながりかねない志向を内包していた。何度も引用するが、一九三〇年代に入って彼が繰り返した「代議制の国家の本質に関する旧来の自由主義の思想は、仮令其の中に貴重な倫理的の価値を含んで居るにしても、之を再び貫徹することは望み難い。それであるから政党国家を離るる為には大衆的民主政治から脱出するか又は之に打勝つの外はない。」あるいは「従つて単純に立憲政治の常道に復するといふことだけでは吾々は到底満足し得ない。吾々の希望し度いことは、此の際各政党の首領、軍部の主脳者、実業界の代表者、勤労階級の代表者等を集めた円卓巨頭会議を開き、其の総てが党派心や階級心や私心を去り、虚心坦懐に真に国家及国民を念として財政及経済の確立に付き根本的の方針を議定し、此の大方針の遂行に関しては、恰も戦争に際した時の如く、暫く政争を絶つて、挙国一致内閣を支持することである。」といった発言に、それは現れていた。ただ美濃部が孫文やヒトラーと違ったのは、国家意思の形成と「代議制」の直接のつながりを切断することによって、却って議会や政党に予め存在する国家意思を国民に伝達する機関としての役割を新たに付与し、最後は「立憲政治の常道に復」そうとしていたことだけであった。既に「立憲主義」を実現した国の憲法学者に相応しい考え方をしていたことだけであった。

では世界中の国が、社会契約論ではなく、国家法人説や民族自決権に国家存立の基礎を置き始めた時、それぞれの国の国家意思はどのように形成され、正当化されるのか。

ある意思の正当性は他者からの認知によって生まれる。そしてその国家にとっての他者が、個人――国家によっても侵されない基本的人権の保有者――として国家の内側に存在している時、人々の合意がその認知を得る方法となった。しかし国家が一つの有機体とみなされ始めると、その方法がとれなくなるのである。ならば国家の外部にいる他者、即ち他国＝他民族の認知に頼るしかなかった。しかもその他者は、全て自らと同じ「絶対独立」の主権をもつ、横並びの存在でしかない環境の中においてである。

ならば結局、各国の意思形成の方法は、先に述べた主権の自己制限論に依拠して、国際関係の関数値としてそれを受け取るという方法しかなくなるということになったのである。

かくて二〇世紀、主権の自己制限論は、各国の立憲政を支え、国際社会を規律しうる、唯一の論理となったのである。

しかし、主権の自己制限論にたって、国際社会における国家間の力関係を媒介に、国家意思の形成をはかろうとする美濃部的試みは、議会をどこまでも「国民の委任による代表機関」と看做す原理主義的「立憲主義」者の抵抗にあっただけでなく、もう一つ深刻な問題に遭遇した。

「自分の意思に反して他の如何なる意思に依つても支配せられない」はずの主権国家が、他国や国際社会からの制限を、自らの意思で受け入れるのである。それは決して容易なことではなかった。事柄が重大であればある程、もしその制限を受け入れなければ戦争に発展するかもしれないとの恐怖がなければ、その受け入れは容易には進まないのが自然であった。だとすれば、日本だけでなく、全ての国が主権の自己制限論にたつのである。世界は一触即発の戦争の危機に陥るしかなかった。その危険に遭遇したのである。

しかもその危険は実証された。それが第一次世界大戦の勃発であった。

第一次大戦については、それを帝国主義戦争と定義する理解が、今なお一般的であるが、それはやはり間違いである。一九一四年夏、戦争に各国の国民を駆り立てた、あの異常なナショナリズムの盛り上がりは、植民地獲得への情熱では説明できない。あれは、日本でいえば美濃部が行おうとしたこと、一人一人の国民の契約（社会契約）の所産として国家を捉えることを止め、それを、それ自体の意思をもった民族という名の有機体的団体に立脚する権力として捉え直すための熱狂であったと理解する方が説明し易い。民族の実在という共同幻想を立ち上げるために、あの熱狂と相互の殺戮が必要だったのである。

だから逆に、第一次大戦は、ウィルソンの一四箇条による、民族自決権の確認によって終結したのであり、またヨーロッパでの戦争が、植民地からの脱却を切望する多くのアジア・アフリカの民族を巻き込み、文字通りの世界戦争に発展したのである。

そして第一次大戦の惨劇は、多くの国に、たとえ各国が民族自決権に依り主権の自己制限論に立ってそれぞれの国家意思を形成するにしても、それが生み出す国家間の緊張が、戦争の連鎖だけはひき起こさないようにする仕組み構築の必要を痛感させたのである。

ではその仕組みはどうすれば築けたのか。それを築くために、第一次大戦後、二つの試みがなされた。一つは周知の如く、ウィルソンの一四箇条やヴェルサイユ講和条約に基づき、国際連盟を立ち上げ、国際間の話し合いを組織するという試みであった。

さてそこで考えておかなくてはならないのは、社会契約論が過去のものとなり、国家法人説や社会有機体説が全盛を極める時代になると、起きることである。

まずは国家の中における個人の自立性がどんどんと失われていく。社会契約論が機能している社会においては、国家権力の淵源は、一人一人の国民からの、人権=主権の一部譲渡に求められる。国家は、一人一人の国民から人権の一部譲渡を受けることによって、その強大な権力を振るう正当性を得ている。しかもその場合、譲渡元の国民は、人権の全部を譲渡するわけではないから、国家に統合されながらも、国家に対して自立的である。人の権利が「基本的人権」として観念される所以である。故に「民主主義」「立憲主義」も成り立つ。

しかし国家法人説や社会有機体説が支配的な社会においては、その国民の国家に対する自立性が失われる。国民は、国家に対する人権の譲渡元から、国家という有機体の細胞に、その地位を変えるからである。細胞に有機体全体に対する自立性などあり得ない。

従って、国家法人説や社会有機体説が支配的になる社会においては、国家と対抗的な関係に立つ国民がいなくなるから「国民の委任による代表機関」としての議会は必然的にその地位を低下させる。立憲政をとらない国家さえ現れてくることになる。先に述べた通りである。

ただそこで重要なことは、では国家法人説や社会有機体説が支配的になると、一切の「民主主義」「立憲主義」が影を潜めるかというと、それはそうではないということである。確かに各国の内部の「民主主義」「立憲主義」は影を潜める。あるいは影響力を低下させる。しかし「国際立憲主義」とでもいうべき「立憲主義」が、逆に台頭する。それは個人の平等ではなく国家の平等を基礎に、国際的合議システムと国際法の支配を成り立たせようとする考え方である。さらにはそれらの支配を前提に、国内法秩序も「世界の大勢」に合わせて再編・整備していこうとする考え方である。戦後の日本は国連中心主義をとり、日本国憲法も国際連合規約に準拠させたが、その素となった考え方である。

国家法人説や社会有機体説は、その種の考え方を生んだのである。国家法人説を唱えた美濃部が、一〇年の隠棲期間を経て再び活躍の機会を得た敗戦後、後でもう一度述べるが、憲法第九八条二項の制定に深く関わり、

憲法が国家最高の法規であることに付いては『この憲法は国の最高法規であつて、その条規に反する法律、命令、詔勅及び国務に関するその他の行為の全部又は一部は、その効力を有しない』と曰つて居る。政府提出の原案には『この憲法並びにこれに基いて制定された法律及び条約は国の最高法規とし』とあつたのを、衆議院に於いて斯く修正したのであつて、原案の意義に於いての「最高法規」は稍広い意味に用いられて居たのを、特に厳格に憲法のみを之に該当するものとして居るのである。……唯政府の原案に示されて居たやうな条約が国内法規としても法律と等しく最高法規たることの趣意は、全く示されないことになつたのは遺憾である。（『新憲法概論』）

と述べ、「条約」を「憲法」と並ぶこの国の「最高法規」とすることに強いこだわりを示したことに、それは現れている。

ではそれはなぜか。理由は二つある。一つは、民族という有機体――それ自体の意思を持つ団体――

に基礎をおく国家こそが国家だということになると、国家が、それ以上分割し得ない、人の生存の最小単位になる。ならば世界が、実は集まって話し合うことができる程度の数しかない、しかもそれより小さな単位には絶対に分解できない政治主体によって構成されることになる。今でも国家の数は二〇〇程度しかない。その実現が物理的に可能になるからである。

そして今一つは、それぞれの国家が、国家意思を決定し、正当化するのに、イエリネックや美濃部達吉のいうところの主権の自己制限論に頼るとすれば、そこには社会契約論の前提になる、人権の一部を国家に譲渡する人のアナロジーが成り立つからである。厳密には主権の自己制限を行う国家と、人権の一部譲渡を行う個人は異なるが。

だからウィルソンの一四箇条によって、国家存立の基礎を民族自決権におく社会有機体説的な考え方が、支配的な考え方になった瞬間、その「国際立憲主義」が起動したのである。そしてそれが、国際連盟の立ち上げによる世界平和の実現の試みとなったのである。

しかしその試みが、容易に恒久平和体制の構築につながらなかったことは、周知の通りであった。そもそも連盟には、アメリカが参加していなかった。革命直後のソ連も、敗戦国ドイツも参加していなかった。世界平和を占う上で、絶対に欠かせない国の多くが参加していなかったのである。それで世界平和を担保できるわけがなかった。加えて全ての国が対等に遇せられる仕組みは、理想主義的に過ぎた。

そこでもう一つ、その試みを補完する、そしてやがてそれを国際連合の樹立という形で成就させる試みが浮上することになった。それは、大戦終結直後直ちにアメリカが模索し始めた試みであった。一つの「超大国」を生み、その「超大国」の下に、国際紛争を解決する手段としては武力を用いないことの国際的確認をつくりあげるという試みであった。

ちなみにアメリカが、自らがその設立に深く関わった国際連盟にあえて参加しなかったのは、自らはこの試みに専心するためであった。決して伝統のモンロー主義（孤立主義）に足をとられたからではなかった。

それが証拠に、アメリカは第一大戦後、むしろ積極的に国際間の平和秩序の構築にそのイニシアティブを発揮している。一九二一年から二二年にかけては、ワシントン会議を主催し、海軍軍縮条約、及び四カ国条約（太平洋の安全保障）、及び九カ国条約（中国の領土保全）を成立させ、一九二八年には、侵略戦争を悪視する論理を歴史上初めて確立した、パリ不戦条約を成立させている。さらに一九三〇年には、ロンドン海軍軍縮条約の締結にイニシアティブを発揮している。

ただ通常の「大国」と「超大国」とは違った。たとえ第一次大戦を終結に導く上で決定的な役割をはたしたとはいえ、第一次大戦後のアメリカは、まだ「大国」ではあっても「超大国」ではなかった。アメリカの主導で締結されたワシントン海軍軍縮条約においてさえ、アメリカの主力艦保有数はイギリスと同等、日本の二倍弱であった。それでは「超大国」とはいえなかった。第二次大戦後のアメリカの圧倒的な軍事的優位と比較してみれば分かる。

ということはその一つの「超大国」を生み、その「超大国」の下に、世界の恒久平和体制を築き上げるという試みも、決して一朝一夕に成就する試みではなかったということになる。

ではその試みを成就させるには、どうすればよかったのか。そこで登場したのが、「世界最終戦争」の企てであった。日本でいえば、満州事変をひき起こし、日本が「一五年戦争」に入っていくきっかけをつくったことで有名な、陸軍軍人石原莞爾の構想した企てであった。

石原莞爾の「世界最終戦争」構想

ではそれはどのような企てだったのか。石原が一九四〇年に公刊した『最終戦争論』によると、それは次のように企てであった。興味深いので少し長文になるが、引用しておこう。

① 一番遠い太平洋を挟んで空軍による決戦が行われる時が、人類最後の一大決勝戦の時であります。即ち無着陸で世界をぐるぐる廻れるような飛行機ができる時代であります。それから破壊の兵器も今度の欧州大戦で使っているようなものでは、まだ問題になりません。もっと徹底的な、一度あたると何万人もがペチャンコにやられるところの、私どもには想像もされないような大威力のものができねばなりません。飛行機は無着陸でグルグル廻る。しかも破壊兵器は最も新鋭なもの、例えば今日戦争になって次の朝、夜が開けて見ると敵国の首府や主要都市は徹底的に破壊されて

いる。その代わり大阪も、東京も、北京も、上海も、廃墟になっておりましょう。すべてが吹き飛んでしまう……。それぐらいの破壊力のものであろうと思います。そうなると戦争は短期間に終わる。……このような決戦兵器を創造して、この惨状にどこまで堪え得る者が最後の優者であります。（「最終戦総論」）

②　戦争には二つのことが大事です。一つは敵を撃つこと——損害を与えること。もう一つは損害に対して我慢することであります。即ち敵に最大の損害を与え、自分の損害に堪え忍ぶことであります。この見地からすると、次の決戦戦争では敵を撃つものは少数の優れた軍隊でありますが、我慢しなければならないものは全国民となるのです。今日の欧州大戦でも空軍による決戦戦争の自信力がありませんから、無防禦の都市は爆撃しない。軍事施設を爆撃したとか言っておりますけれども、いよいよ真の決戦戦争の場合には、忠君愛国の精神で死を決心している軍隊などは有利な目標ではありません。最も弱い人々、最も大事な国家の施設が攻撃目標となります。工業都市や政治の中心を徹底的にやるのです。でありますから老若男女、山川草木、豚や鶏も同じにやられるのです。かくて空軍による真の徹底した殲滅戦争となります。（「最終戦争論」）

③　兵器の発達が世の中を泰平にしているのです。この次の、すごい決戦戦争で、人間はもうとても戦争をやることはできないということになる。そこで初めて世界の人類が長くあこがれていた本当の平和に到達するのであります。要するに世界の一地方を根拠とする武力が、全世界の至ると

ころに対し迅速にその威力を発揮し、抵抗するものを屈服し得るようになれば、世界は自然に統一することとなります。(「最終戦争論」)

飛行機の性能があがり、地球上最も距離の離れた太平洋を挟んでも、航空機による「一大決戦」が行えるようになり、さらには一瞬にして大都市を破壊し尽くすことのできるような「破壊兵器」が誕生するのを待って、世界を幾つかの陣営に分け、「最も弱い人々、最も大事な国家の施設」を「攻撃目標」とした、徹底した殲滅戦を行うという企てであった。

当然それが終われば、その勝者には圧倒的な軍事的優越性が生まれ、「世界の一地方を根拠とする武力が、全世界の至るところに対し迅速にその威力を発揮し、抵抗するものを屈服し得る」状態が生まれる。その中で「世界は自然に統一」に向かい、二度とその「超大国」に断ることなしに、国際紛争を解決する手段として武力を行使するような国は現れなくなることを期待しての企てであった。

さらには次の一文にあるように、その「世界最終戦争」のために遂行された「第二次産業革命」が、戦後平和産業に転用され、豊かな世界の実現に貢献し、「持たざる国と持てる国の区別がなくなり、必要なものは何でもできることになるので」そもそも国際紛争の芽がつまれてしまうことを期待しての企てでもあった。

最後の大決勝戦で世界の人口は半分になるかも知れないが、世界は政治的に一つになる。これは大きく見ると建設的であります。同時に（第二次）産業革命の美しい建設の方面は、原料の束縛から離れて必要資材をどんどん造ることであります。われわれにとって最も大事な水や空気は喧嘩の種になりません。ふんだんにありますからね。水喧嘩は時々ありますが、空気喧嘩をしてなぐり合ったということは、まず無いのです。必要なものは何でも、驚くべき産業革命でどしどし造ります。持たざる国と持てる国の区別がなくなり、必要なものは何でもできることになるのです。（「最終戦争論」）

要は、アメリカ――とソ連――という「超大国」への核と軍事力の圧倒的集中を背景にして、世界の大方の国が「自己の意思に反して他の権力に依つて其の意思を制限せらるゝこと」のない「最高独立」の主権国家としての建前をとりながら、なお相互の紛争解決に武力を用いようとはしない、第二次大戦後型の平和秩序（パクスアメリカーナ）の形成を目指した最後の一戦（決戦）の企てが「世界最終戦争」の企てであった。ただしその「超大国」の地位にアメリカがつくか日本がつくかドイツがつくかはまだ――ほぼ確定はしていたが――未確定な段階での、覇権争奪戦の企てでもあった。善意によって敷き詰められた悪魔の企てであった。

ちなみに「大東亜共栄圏」構想なども、かかる企ての派生物に過ぎなかった。その実現だけが、日本がその覇権争奪戦に生き残り、もしかしたら「パクスアメリカーナ」を「パクスジャポニカ」に切り替えることができたかもしれない、唯一の方法だったのである。

かかる企てが各国でなされたのである。だから各国は、一九三〇年代後半になると、もはや戦艦ではなく、飛行機と大量「破壊兵器」＝原爆の製造に血道を上げることになったのである。当然日本も例外ではなかった。

そしてかかる企てを逸早く持ったから、来るべき「世界最終戦争」に備え、石原莞爾らは、一九三一年九月一八日、柳条湖事件をひき起こし、満州事変を始めたのである。

　この頃の日本人は口に精神第一を唱えながら、資源獲得にのみ熱狂している。ドイツの今日は資源貧弱の苦境を克服するための努力が科学、技術の進歩をもたらしたのである。ドイツを尊敬する人は、まずこの点を学ぶべきである。特に最終戦争と不可分の関係にある、いわゆる第二次産業革命に直面しつつある今日、その点が最も肝要である。
資源もある程度は必要である。しかるに日満支だけでも実に莫大な資源を蔵している。……満州国の鉄の埋蔵量もすばらしい。石炭は日本国内にも相当あるが、満州国の東半分は、どこを掘っても豊富な石炭が出て来る。（「「最終戦争論」に関する質疑回答」）

この一文にもあるように、「世界最終戦」を戦いぬくためには、無着陸で世界を一周できる程の性能をもった飛行機や、大都市を一瞬にして破壊できる「破壊兵器」をつくり出す「第二次産業革命」を起こさなくてはならなかったが、それには、徹底した統制経済の実施と、鉄や石炭などの埋蔵資源に恵まれた満州の確保と開発が、どうしても必要だったからであった。

しかも一九三一年という年は、日本が満州で事を起こすのには絶好の時期であった。未だソ連が革命後の混乱の中にあり、アメリカが恐慌対策に忙殺されている中、満州に対する世界の関心が、一時的に消滅している時期だったからである。

ただその石原らの目論みも、七年後には早くも破綻していた。後に彼は、盧溝橋事件が起こり日中戦争が始まった年の翌年――早くも国家総動員法の出された――一九三八年を振り返って、次のように述べている。

昭和十三年には東亜の形勢が全く変化し、ソ連は尨大なその東亜兵備を以て北満を圧しており、米国は未だその鋒鋩を充分に現わしてはいなかったが、満州事変以来努力しつつあったその軍備は、いつ態度を強化せしむるかも計り難い。即ち日本は十年前の如く露国の崩壊に乗じ、主として米国を相手として、戦争を以て戦争を養うような戦争を予期できない状態になっていたのである。

（「戦争史大観」の由来記」）

要はその時点で既に、米ソの立ち直りの前に、日本が「世界最終戦」の勝者になる可能性は失われていたのである。

ただ興味深いのは、石原にしても、星野直樹や東条英機や松岡洋右や岸信介や鮎川義介といった彼の追随者たち——「二キ三スケ」と呼ばれた満州の開発・防衛に深く関わった人たち——にしても、満州事変後のこの国を指導した人たちは、だからといって「世界最終戦」へのカウントダウンを止めようとはしなかったことである。むしろ率先して、入れ替わり立ち替わり、この国のリーダーとなって、勝つことを考えれば無謀ともとれる戦争に、国と国民を引っ張り込んでいったのである。

その時点で、彼らの「世界最終戦争」を戦う目的は、勝って自ら「超大国」になることよりも、それを戦い抜くこと自体に、大きく変わっていたというべきである。国家指導者としては失格だが、思想家としては首尾一貫していた。だから一九四〇年に著した『最終戦争論』において石原は、「世界最終戦争」を次のように「世界の残された最後の選手権を持つ者が、最も真面目に最も真剣に戦って、その勝負に勝って、その勝負によって初めて世界統一の指導原理」を「確立」するために行われる、「両方の選士が出て来て一生懸命にやる」「武道大会」に喩えたのである。

今は国と国との戦争は多く自分の国の利益のために戦うものと思っております。……私はそんな戦争を、かれこれ言っているのではありません。世界の決勝戦というのは、そんな利害だけの問題ではないのです。世界人類の本当に長い間の共通のあこがれであった世界の統一、永遠の平和を達成するには、なるべく戦争などという乱暴な、残忍なことをしないで、刃に衂《ちぬ》らずして、そういう時代の招来されることを熱望するのであり、それが、われわれの日夜の祈りであります。しかしどうも遺憾ながら人間は、あまりに不完全です。理屈のやり合いや道徳談議だけでは、この大事業はやれないらしいのです。世界の残された最後の選手権を持つ者が、最も真面目に最も真剣に戦って、その勝負に勝って、その勝負によって初めて世界統一の指導原理が確立されるでしょう。だから数十年後に迎えなければならないと私たちが考えている戦争は、全人類の永遠の平和を実現するための、やむを得ない大犠牲であります。

われわれが仮にヨーロッパの組とか、あるいは米州の組と決勝戦をやることになっても、断じて、かれらを憎み、かれらと利害を争うのでありません。恐るべき残虐行為が行なわれるのですが、根本の精神は武道大会に両方の選士が出て来て一生懸命にやるのと同じことであります。人類の文明の帰着点は、われわれが全能力を発揮して正しく堂々と争うことによって、神の審判を受けるのです。（「最終戦争論」）

そして予想通り日本は全土を焦土にされ、対極に核保有国アメリカを生み出し、一九四五年八月一五日、「一生懸命」戦ってその「武道大会」に負けたのである。

第五章

日本国憲法の制定

「世界最終戦」の終結

石原莞爾がどの程度この国の戦争指導に影響を与えたかについては、様々な意見がある。第一彼は戦犯になっていない。ただ柳条湖事件をでっちあげ、独断専行満州事変をひき起こした彼の決断がなければ、第二次大戦にいたる一五年間の戦争はなかったことを考えれば、彼の「世界最終戦争」構想の、この国の戦争に与えた影響は大きかった。

しかしだとすれば、先程述べた通り、この国にとって第二次世界大戦は、勝つための戦争ではなく、戦うことそれ自体を目的とした、まさに「武道大会」の如き戦争であった可能性が高くなる。

ある意味では異常である。しかしそう考えるとわかり易いこともある。それは第二次大戦における日本の戦い方の異常さだ。そもそも指導者の誰一人として勝利の展望を語ることなく、「清水の舞台から飛び降りたつもり」で戦争に突入したこと自体異常であったが、太平洋の島々で繰り返された「玉砕戦」や、フィリピン防衛戦で開始され、沖縄戦でピークに達した「特攻攻撃」などは、まさに異常としか表現しようのない戦い方であった。日清、日露の戦争で、極めて理にかなった戦い方をしたあの国がと、司馬遼太郎ならずとも首を傾げたくなるような異常さであった。あげれば切りがないが、こうした戦い方の異常さも、戦争それ自体が勝つための戦争でなかったというのであれば、わかり易い。そもそも戦争自体が国家の自殺行為だったのであるから。

そして石原らが第二次大戦を、勝つための戦争としてではなく、戦うことそれ自体を目的とした戦争として戦ったであろうと思われる証拠が一つある。それは、まさに終戦の日、一九四五年八月一五日に石原が、自らの支持者たちにあてて出した、次の「敗戦の日に東亜連盟会員に訴う」と題した文章の存在である。それは日本国憲法第九条を先取りするかのような文章であった。

二、平和条約を有利にするための方策。

1　敵進駐に先だち次の改革を断行、敵を驚嘆せしむ。

(1)　国民輿論による軍閥政治の打倒を実現す。軍は進んで内面よりこれに策応し、直ちに果敢なる復員を行い、「軍人勅諭に反し政治に干与するに至りし罪」を天下に謝し、軍備を撤廃す。

次代の軍備は今日の陸・海・空軍と全然、異なれるものなること疑いなく、一時の撤廃は却って、その再建設のため有利なり。

(2)　日本は世界一の「民主主義」国なることを明らかにす。国体は「君主主義」「民主主義」を超越せる存在なり。日本の民主主義は官権主義に対するものにして、官僚専制の打倒は刻下の急務なり。（「敗戦の日に東亜連盟会員に訴う」）

ではなぜ石原には、ポツダム宣言受諾の日の翌日、国民に敗戦を知らせる玉音放送の行われたその当日に、このような文章を出すことができたのか。彼には、敗戦のその日から始まる、「世界最終戦争」後の新しい時代への見通しが、既にあったからである。

政治的には「世界の一地方を根拠とする武力が、全世界の至るところに対し迅速にその威力を発揮し、抵抗するものを屈服し得る」状況下で、「世界は自然に統一」に向かい、世界各国は、たとえ主権国家ではあっても、国際紛争を解決する手段として武力を行使することは許されない時代が訪れるであろうこと。経済的には各国が「世界最終戦争」を戦うために遂行した「第二次産業革命」が、平和目的に活かされ、「必要なものは何でも」つくれ、世界が「持たざる国と持てる国」に分かれて争う必要のなくなる「驚くべき」豊かな世界が実現するであろうことの見通しが、である。この戦後への見通しも含めたものが「世界最終戦争」論だったのである。

その見通しがあればこそ、彼らは勝つための戦争ではなく、戦うことそれ自体を目的とした戦争を戦い抜いてきたのである。だから終戦の日早くも、その段階ではまだ影も形もない憲法第九条体制構築への腹構えができていたのである。

ということは逆に、上記「敗戦の日に東亜連盟会員に訴う」の存在は、石原らの戦争目的が、勝つことではなく、戦うことそれ自体であったことの証拠であったということにもなるのである。

日本国憲法の受容と美濃部達吉の関わり

第二次大戦は、数千万人の人々の命と引き換えに、「超大国」アメリカを唯一の例外とし、他の全ての国が、「絶対独立」の主権を持ちながら、国際紛争を解決する手段としては武力を行使しない国として共存する、新たな恒久平和体制を産み落として終わった。当然日本もその体制に組み入れられ、敗戦国なるが故に、その種の「平和国家」の典型になることを義務づけられたのである。故に日本には日本国憲法が強制された。

ただそこで大事なことは、日本はただ強いられてその体制に組み入れられたのではなかったということであった。見てきたように、「超大国」一国と、その他の「平和国家」からなる恒久平和体制の構築は、満州事変以来の日本の希望でもあったからである。ただあわよくば、その例外の一国（超大国）に自らがならんとしていたことだけが、予想に反しただけであった。

しかもその点に関しても、石原が「世界最終戦争」を「世界の残された最後の選手権を持つ者が、最も真面目に最も真剣に戦って、その勝負に勝って、その勝負によって初めて世界統一の指導原理」を「確立」するために行われる、「両方の選士が出て来て一生懸命にやる」「武道大会」に喩え始めた時点で、野望を放棄していたのだから、「平和国家」への転換は決して不本意なことではなかった。

日本もまた、我が意を得る形で、その新たな恒久平和体制に組み入れられたのである。そしてその証しが、日本国憲法の受け入れに際して、総じて日本の支配層が示した、抵抗感の小ささだったのである。

一般にマッカーサー司令部から「日本国憲法草案」（ＧＨＱ草案）を示されたとき、幣原喜重郎内閣の閣員たちは、日本側憲法草案の起草者松本烝治を中心に、それに激しく反発したかのようにいわれているが、それは違う。彼らは、最初こそ戸惑いを見せたが、その後はいとも簡単に、それを受け入れていたのである。

幣原内閣の厚生大臣（外務官僚出身）芦田均の日記（『芦田均日記』）によれば、マッカーサー草案に最初に接したとき（一九四六年二月一九日）の、閣議の様子は次のようなものであった。

冒頭こそ「三土（忠造）内相、岩田（宙造）法相は総理の意見と同じく「吾々は之を受諾できぬ」と言ひ、松本国務相は頗る興奮の体に見受けた」といったものであったが、芦田が「若しアメリカ案が発表せられたならば我国の新聞は必ずや之に追随して賛成するであらう、其際に現内閣が責任はとれぬと称して辞職すれば、米国案を承諾する連中が出てくるに違ひない、そして来るべき総選挙の結果にも影響を与へることは頗る懸念すべきである」（『芦田均日記』）と述べ、マッカーサー草案を拒否した時の悪夢を語ると、たちまち次のようなものに変わっていった。

松本先生は声に応じて賛同し、農林大臣も卑見を支持して先方の案は形に見る程大懸隔あるものとは思はれないから正面から反対する必要はないとの意見であつた。

安倍文相は、アメリカ案を反駁するには内閣の改正案ついて確信のある処まで固めて置く必要があるのであるが、現在の松本案は内閣案として確定したものではあるまい、内閣案を決定するには他の閣僚の意見を発表する機会を与へられたい、と述べた。

幣原総理は松本案は松本案であつて内閣案ではない、然し問題が重大であるから至急MacArthurを訪問して話して置きたいと言はれた。

私は更に発言して大体次のように先方に申入てはどうかと言つた。

(a) 米国案は主義として日本案と大差無し

(b) Basic formの中には改正案を実施する上に我憲法と矛盾する点もあり（例へば貴族院の協賛なくして有効なる憲法を制定すること不可能なり）、今少し研究を要す。これは四十八時間の期限付回答を求めらるべき性質のものに非ず

(c) 政府は此点についても政党領袖の意見をも徴して回答することゝしたし

……そこで総理が急速にScapを訪問されることを決定し、問題を如何に取扱ふべきやは次の閣議で決することに発議して午後の閣議を終つた。（『芦田均日記』）

たちまち「米国案は主義として日本案と大差無し」といった妥協的態度に収斂していったのである。しかも、何か憲法改正に関わる最重要の論点が二院制の可否にあるかのようなごまかしまで始めているのである。

日本国憲法の受け入れに対する、日本の支配層の抵抗感のなさは歴然としていた。

もしそれに抵抗した人物が一人だけいたとすれば、それは周知の通り、天皇臨席の下「日本国憲法草案」を審議すべく開かれた枢密院本会議において、ただ一人だけ草案に賛成しなかった美濃部達吉だが、彼とても、日本国憲法の受け入れ自体には、反対ではなかったようなのである。

それは、第九〇帝国議会における草案審議の段階で、突如次の憲法第九八条——その段階では第九四条——第二項が挿入されるという出来事が起きるが、どうもその裏には美濃部の画策があったようだからである。

第一〇章　最高法規

第九八条　この憲法は、国の最高法規であつて、その条規に反する法律、命令、詔勅及び国務に関するその他の行為の全部又は一部は、その効力を有しない。

2　日本国が締結した条約及び確立された国際法規は、これを誠実に遵守することを必要とする。

憲法に加えて「日本国が締結した条約及び確立された国際法規」までを、「最高法規」と看做そうというのは、通常独立国ではあり得ないことなので、衆議院に設置された衆議院帝国憲法改正委員小委員会では、時の法制局長官佐藤達夫などが、それに激しく反対した。

そしてその反対がよほど激しかったと見えて、同小委員会委員長芦田均は、「佐藤君、今ノ御意見、御尤モナ点ガアルト思フケレドモ、場所ノ問題デスネ、是ハ初メ九十四条ノ原文ニハ、条約ガ最高法規ダト云フヤウナコトガアッタ」と、原案はもっと露骨であったのをここまで押し戻したのだから我慢してくれといわんばかりの言い訳をし、さらに次のように内幕を暴露している。

実ハ私ニ其ノ事ヲ話シタ人ハ、国際条約、法規等ハ此ノ憲法ト共ニ尊重セラレナケレバナラナイト云フ文句ガアッタノデスガ、憲法ト共ニト云フノハ、法律的ニ言ツテドウ云フコトダ、憲法ト共ニト云フ言葉ハドウモヲカシナ言葉ダ、併シ国際法規ト云ツテモ、郵便条約ノヤウナモノモアルノデアルカラ、ソレヲ憲法ト同列ニト云フコトハ、重要性カラ見テモヲカシイノデアルガト言ツタラ、ソレナラ最大ノ尊重ヲ必要トスルト云フコトデ結構デスト云フヤウナ意見デ、憲法ト云フ字ヲ取ラレタノデス、（『第九十回帝国議会、衆議院、帝国憲法改正委員小委員会速記録』）

実は、芦田に第九八条第二項（草案段階では第九四条）の挿入を強く求めた人物のいたこと、そしてその人物は、より明瞭に「国際条約、法規」を憲法と同等に扱うことを求めていたこと、さらには、書かれていないがその人物に芦田は抵抗できなかったこと、を暴露したのである。

その「私ニ其ノ事ヲ話シタ人」が実は美濃部だったのである。それは彼が日本国憲法発布直後に公刊した「新憲法」の注釈書『新憲法概論』（一九四七年）において、第九八条について次のように述べていたことから推測できる。この注釈が「私ニ其ノ事ヲ話シタ人」の書いたものだとしたら、上記芦田均の内幕暴露との文言の一致から、この文面は極めて理解し易いからである。

憲法が国家最高の法規であることに付いては『この憲法は国の最高法規であつて、その条規に反する法律、命令、詔勅及び国務に関するその他の行為の全部又は一部は、その効力を有しない』と日つて居る。政府提出の原案には『この憲法並びにこれに基いて制定された法律及び条約は国の最高法規とし』とあつたのを、衆議院に於いて斯く修正したのであつて、原案の意義に於いての「最高法規」は稍広い意味に用いられて居たのを、特に厳格に憲法のみを之に該当するものとして居るのである。

最高法規の概念の中から条約を取除いた結果、別に第二項として『日本国が締結した条約及び確立された国際法規は、これを誠実に遵守することを必要とする』の一項を加へた。満州事変以来我が国が不戦条約・九ヶ国条約・国際連盟規約等の諸条約に違反し、国際法を尊重することを為さなかつたといふ非難に顧み、条約及び国際法の誠実に遵守せらるべきことを宣言したのである。唯政府の原案に示されて居たやうな条約が国内法規としても法律と等しく最高法規たることの趣意は、全く示されないことになつたのは遺憾である。(『新憲法概論』)

そして、この私の推論通り、美濃部が、第九八条二項挿入の実は立役者であったとしたら、美濃部が首尾一貫した日本国憲法に対する反対者であったとの神話は崩れる。憲法そのものへの反対者がかかる振る舞いはしないからである。

美濃部もまた日本国憲法を、さほど抵抗感もなく受け入れた一人だったのである。

そして考えてみればそれは当然であった。美濃部憲法学が陥っていた最大の隘路は、その要の論である主権の自己制限論を突き詰めれば、それが国際間の緊張を高め、下手をすれば戦争に発展するということであった。「世界最終戦争」としての第二次大戦の終結がもたらした、一つの「超大国」と多数の「平和国家」からなる新たな恒久平和体制の実現は、その隘路に突破口を開いてくれるものであった。ならばその新たな恒久平和体制の化身である日本国憲法を美濃部が受け入れないはずがなかったからであった。

日本国民は、正当に選挙された国会における代表者を通じて行動し、われらとわれらの子孫のために、諸国民との協和による成果と、わが国全土にわたつて自由のもたらす恵沢を確保し、政府の行為によつて再び戦争の惨禍が起ることのないやうにすることを決意し、ここに主権が国民に存することを宣言し、この憲法を確定する。そもそも国政は、国民の厳粛な信託によるものであつて、その権威は国民に由来し、その権力は国民の代表者がこれを行使し、その福利は国民がこれを享受する。これは人類普遍の原理であり、この憲法は、かかる原理に基くものである。われらは、これに反する一切の憲法、法令及び詔勅を排除する。

日本国民は、恒久の平和を念願し、人間相互の関係を支配する崇高な理想を深く自覚するのであつて、平和を愛する諸国民の公正と信義に信頼して、われらの安全と生存を保持しようと決意した。われらは、平和を維持し、専制と隷従、圧迫と偏狭を地上から永遠に除去しようと努めてゐる国際社会において、名誉ある地位を占めたいと思ふ。われらは、全世界の国民が、ひとしく恐怖と欠乏から免かれ、平和のうちに生存する権利を有することを確認する。

われらは、いづれの国家も、自国のことのみに専念して他国を無視してはならないのであつて、政治道徳の法則は、普遍的なものであり、この法則に従ふことは、自国の主権を維持し、他国と対等関係に立たうとする各国の責務であると信ずる。

日本国民は、国家の名誉にかけ、全力をあげてこの崇高な理想と目的を達成することを誓ふ。

この日本国憲法前文の示された新たな世界の恒久平和秩序への期待は、石原莞爾ら「世界最終戦争」論者たちの期待でもあったが、論理的にいって美濃部の期待でもあったはずだからであった。

大日本帝国憲法から日本国憲法へ——その連続

かくて言えることは、日本国憲法は必ずしも押し付け憲法ではなかったということである。勝敗を超越してまで「世界最終戦争」を戦い抜くことが日本の必然であったとすれば、たとえ敗北の結果得られたものであれ、その結果得られた憲法は、自ら獲得した憲法であったということになる。美濃部憲法学的な主権の自己制限論に立って、国家意思を客観的に確定する以外に、自らの抱える内閣統合の困難を克服する術を持たなかった、大日本帝国憲法体制下の日本にとって、勝敗を度外視した「世界最終戦争」へののめり込みと、その帰結としての日本国憲法前文的世界観の獲得は、見てきたようにまさに内なる必然であった。だから日本国憲法は、決して押し付け憲法ではなかったのである。

そして日本国憲法が押し付け憲法ではなかった証拠に、日本国憲法と大日本帝国憲法の間には、十分に連続性があった。

例えば日本国憲法の制定が、大日本帝国憲法の憲法改正規定、第七三条に基づいて行われたこと。

例えば憲法の第一章が「戦争の抛棄」ではなく、「天皇」とされ――アメリカは本来は「戦争の抛棄」を第一章にもってきたかったのだが――、あえて大日本帝国憲法の形式が踏襲されたこと。

例えば日本国憲法第七条に規定された、次の天皇の「国事に関する行為」規定が、実は大日本帝国憲法の「天皇大権」諸規定を継承したものであったこと。

一　憲法改正、法律、政令及び条約を公布すること。

二　国会を召集すること。
三　衆議院を解散すること。
四　国会議員の総選挙の施行を公示すること。
五　国務大臣及び法律の定めるその他の官吏の任免並びに全権委任状及び公使の信任状を認証すること。
六　大赦、特赦、減刑、刑の執行の免除及び復権を認証すること。
七　栄典を授与すること。
八　批准書及び法律の定めるその他の外交文書を認証すること。
九　外国の大使及び公使を接受すること。
十　儀式を行うこと。

とりわけ第五項は、天皇の官吏任免権を規定した大日本帝国憲法第一〇条を継承していたこと。ちなみにその第五項が大日本帝国憲法第一〇条の継承規定であったことは、第九〇回帝国議会衆議院帝国憲法改正委員会小委員会において、「主権在民」になったのだから官吏任免権も内閣総理大臣に帰属させてはどうかとの提案があったのに対して、芦田均委員長が、次のように反論、一蹴した結果、この五項がここに置かれたことから分かる。

一体国民ノ名ニ於テヤルト云フヤウナコトハ、天皇ダカラヤレルノデ、内閣総理大臣ガ国民ノ名ニ於テヤルノハヲカシイ。（『第九十回帝国議会、衆議院、帝国憲法改正委員小委員会速記録』）

等々がその証拠であった。

そしてその両者の間の連続性の最大の証しが、実は日本国憲法第一条の、「天皇は、日本国の象徴であり日本国民統合の象徴であつて、この地位は、主権の存する日本国民の総意に基く」との、象徴天皇制規定の存在であった。見てきたように、大日本帝国憲法下における天皇の地位を規定した第一条と第三条もまた、水戸学的天皇不執論から来ていたからであった。

マッカーサーがこの象徴天皇制規定を設けるにあたって、第一条に「主権在民を明記したのは、従来の憲法が祖宗相承けて帝位に即かれるといふことから進んで国民の信頼に依つて位に居られるといふ趣意を明かにしたもので、かくすることで天皇の権威を高からしめるものと確信する」（『芦田均日記』）と述べていたのは、その意味において的確であった。統治者の直感恐るべしといったところか。

さて、大日本帝国憲法と日本国憲法の間に、基本的なところで深い連続性があったとすれば、日本国憲法は当然のこととして、大日本帝国憲法の抱える矛盾を克服する憲法にもなっていた。

ではそれはどう克服したのだろうか。ちなみにその矛盾とは、内閣を統合する一人の「独裁者」を置くことができず、内閣と官僚制を統合する能力に著しく欠けていたことであった。

まず第一に、次の第六六条を設け、内閣における内閣総理大臣の優越性と、内閣の国会に対する連帯責任制を確立した。それによって、その一人の「独裁者」を公的に置くと共に、政党内閣制を確固たるものにした。それ以外の内閣の形態が生まれない仕組みをつくった。

第六六条　内閣は、法律の定めるところにより、その首長たる内閣総理大臣及びその他の国務大臣でこれを組織する。

2　内閣総理大臣その他の国務大臣は、文民でなければならない。

3　内閣は、行政権の行使について、国会に対して連帯して責任を負ふ。

まずは形の上で、内閣を統合する一人の「独裁者」を置かざるを得ない仕組みをつくったのである。そして第二に、議会＝国会を、「国民の委任による代表機関」、即ち下からの輿論の積み上げ機関から脱却させ、主権の自己制限の結果得られた国家意思――国家という団体それ自体の意思――を、教育と政党の活動を通じて、国民の意思に作り替えていくための上からの「統合機関」として機能させるための措置をとった。かつて美濃部らが理想とした政党政治を実現するためであった。

ではその措置とは。国家と個人の間にある中間団体の力を、徹底的に削ぐということであった。議会を「国民の委任による代表機関」たらしめてきた根底には、中間団体の国家に対する自立性の高さがあった。それを削いだのである。

具体的には第八章に、大日本帝国憲法にはなかった「地方自治」の章を設け、次の各条を設けた。

第九二条　地方公共団体の組織及び運営に関する事項は、地方自治の本旨に基いて、法律でこれを定める。

第九三条　地方公共団体には、法律の定めるところにより、その議事機関として議会を設置する。

2　地方公共団体の長、その議会の議員及び法律の定めるその他の吏員は、その地方公共団体の住民が、直接これを選挙する。

第九四条　地方公共団体は、その財産を管理し、事務を処理し、及び行政を執行する権能を有し、法律の範囲内で条例を制定することができる。

第九五条　一の地方公共団体のみに適用される特別法は、法律の定めるところにより、その地方公共団体の住民の投票においてその過半数の同意を得なければ、国会は、これを制定することができない。

地方自治を、憲法外的存在から憲法内的存在に移し、一見自治を強化するかに見せかけながら、戦前期地方自治制には存在した名誉職自治の原則を完全に払拭してしまったのである。地域住民が、自らの経済的負担で、自らの余暇を用いて、名誉職（ボランティア）として地方自治行政を担うという仕組みを、その考え方と共に、一掃してしまったのである。同じことは家の自治についても行った。家を両性の契約団体にしたのはそのためであった。

そして自治団体（中間団体）の自助能力に頼ることのできなくなった社会的弱者に対しては、次の憲法第二五条を用意し、国家への依存を一挙に強めさせたのである。

第二五条　すべて国民は、健康で文化的な最低限度の生活を営む権利を有する。

2　国は、すべての生活部面について、社会福祉、社会保障及び公衆衛生の向上及び増進に努めなければならない。

家であれ地方自治団体であれ、中間団体という保護膜を持たない人は、国家に対して弱い。従って人から中間団体という保護膜を剥ぎ取れば、議会＝国会の「国民の委任による代表機関」的性格は自ずから薄まり、その、予め存在する国家意思を国民に伝え、それを輿論として読み直すための「統合機関」化の動きが、ほぼ自動的に進行するからであった。

高度経済成長に向けて

しかし中間団体の自治を排除して、あらゆる人を直接国家に依存させるということは、それほど簡単なことではなかった。それを可能にするには、当然のこととして高福祉＝高負担の仕組みと、それを支える桁違いに高い生産力の実現が必要になってくる。ではその高い生産力はどのようにしてつくり出したのか。

かつて石原莞爾は、統制経済に二段階あることを想定し、次のように述べていた。

……ものにはすべて限度がある。個人自由の放任は社会の進歩とともに各種の摩擦を激化し、今日では無制限の自由は社会全体の能率を挙げ得ない有様となった。統制はこの弊害を是正し、社会の全能率を発揮させるために自然に発生して来た新時代の指導精神に外ならない。戦闘指導精神が自由から統制に進んだと同一理由である。

新しく統制に入るには、自由主義時代に行き過ぎた私益中心を抑えるために、最初は反動的に専制即ち強制を相当強く用いなければならないのは、やむを得ないことである。殊に社会的訓練の経験に乏しいわが国に於て、ややもすれば統制が自由からの進歩ではなく自由から専制への後退であるが如き場面をも生じたのは、自然の勢と言わねばならぬ。しかし統制によって社会、国家の全能力を遺憾なく発揮するためにも、個人の創意、個人の情熱が依然として最も重要であるから、無益の摩擦、不経済な重複を回避し得る範囲内に於て、ますます自由を尊重しなければならない。元来、理想的統制は心の統一を第一とし、法律的制限は最小限に止めるべきである。官僚統制よりも自治統制の範囲を拡大し得るようになることが望ましい。即ち統制訓練の進むに従って、専制的部面は逐次縮小されるべきである。

準決勝戦時代の統制訓練により、最終戦争時代の社会指導精神は、今日の統制より遥かに自由を尊重して、更に積極的に国家の全能力を発揮し得るものに進歩するであろう。（「「最終戦論」に関する質疑回答」）

まずは「無制限の自由は社会全体の能率を挙げ得ない有様」を克服するために、「反動的に専制即ち強制を相当強く用い」る段階。次いで「社会、国家の全能力を遺憾なく発揮するためにも、個人の創意、個人の情熱が依然として最も重要である」ことを勘案し、「専制的部面」を「逐次縮小」させ「今日の統制より遥かに自由を尊重して、更に積極的に国家の全能力を発揮」させる、一見自由主義的に見える段階、の二段階である。この二段階目の統制経済を発動したのである。中核は電力自給体制の構築を軸にすえた地域総合開発の推進であった。

そしてその発動にあたっては、鮎川義介や岸信介といった、かつて満州の開発に従事した、「世界最終戦争」論者たちが歴史から呼び出されたのである。しばしば「逆コース」の象徴のように言われる、一度は戦犯にも問われかけた岸信介が、やがて内閣総理大臣として返り咲く所以がこの辺りにあった。かくて大日本帝国憲法体制の抱えていた矛盾は日本国憲法体制の中で、ダイナミックに克服されていくことになったのである。

社会主義について——補論

さて私はここまで一切触れてこなかった重要な動きがある。それは絶対平和主義者とでも呼ぶべき人たちの動きだ。

見てきたように、二〇世紀の世界をリードしてきた人たちは、日本人でいえば石原莞爾のような人たちであった。同じような人はアメリカにもいたし、ドイツにもいた。彼らは、あえて世界戦争を行い、一つの「超大国」とその他多数の「平和国家」の関係をつくり出すことによって、世界平和を実現しようとした。先にも引用したが、次の石原の言葉が象徴的であった。

最後の大決勝戦で世界の人口は半分になるかも知れないが、世界は政治的に一つになる。これは大きく見ると建設的であります。同時に（第二次）産業革命の美しい建設の方面は、原料の束縛から離れて必要資材をどんどん造ることであります。われわれにとって最も大事な水や空気は喧嘩の種になりません。ふんだんにありますからね。水喧嘩は時々ありますが、空気喧嘩をしてなぐり合ったということは、まず無いのです。必要なものは何でも、驚くべき産業革命でどしどし造ります。持たざる国と持てる国の区別がなくなり、必要なものは何でもできることになるのです。(「最終戦争論」)

世界を周回できるほどの高性能な飛行機と、一時に数万人の命を奪える「破壊兵器」を使って「世界の人口」が「半分」になるところまで殺戮を繰り返し、その結果として世界平和を実現しようとしていたのである。

こうしたことを平然と考え、実行に移すことのできる人たちが、二〇世紀をリードしたのである。しかしはたしてこうした考え方に共感できる人がどれだけいるだろうか。自分は絶対に、殺される「世界の人口」の「半分」に入らないとの確信の持てる人は共感できるかもしれないが、それでも、人としての感情がそれを許さないということもあるだろう。他人の死を平然と見過ごせないのもまた人間だからである。

ではそうした人の、人としての自然な感情は表白されなかったのか。当然された。それがこの「世界最終戦」論のような考え方の対極に成立した、絶対平和主義の考え方であった。正義、不正義を問わず、一切の戦争、暴力に反対するという考え方であった。そしてそれが社会主義を生んだ。日露戦争中の一九〇四年八月、アムステルダムで開かれた社会主義者の国際組織、第二インターナショナルの大会の冒頭、日本（片山潜）とロシア（プレハーノフ）の社会主義者が戦争反対を唱えて握手したことは、社会主義の本質を示す、象徴的な出来事であった。

社会主義とは、国有化の代名詞でも、計画経済の代名詞でもない。その最も素朴な形においては、あらゆる戦争と、その動機となるナショナリズムに反対する絶対平和主義の代名詞だったのである。

例えば日本社会主義の草分け幸徳秋水は『社会主義神髄』（岩波文庫、一九五三年）において、次のように述べていた。

古来人間の気力奮揚し、知能錬磨し、人格向上することを得る所以は、実に生存の競争あるが為めに非ずや。若し万人衣食の慮る可きなく、富貴の進取すべきなく、賢愚強弱皆な平等の生活に安んぜざる可らずと為さば、何物か又吾人の競争を鼓舞せんや。競争なきの社会には即ち勤勉なけん、勤勉なきの社会には、即ち活動進歩なけん、活動進歩なき社会は、即ち停滞、堕落、腐敗あるのみ。社会主義実行の効果は、唯だ如此きに止まらざる乎。（『社会主義神髄』）

彼は、生存競争の必要を説いていたのである。言い方を換えれば資本主義を否定してはいなかったのである。「高尚なる品性と偉大の事業とは、決して社会貧富の両極端に在らずして、常に中間の一階級より生ずる」（『社会主義神髄』）と述べ、中間層増加の必要さえ論じていた。ただ各国が第一次大戦に向けてナショナリズムを暴走させている有様については、次のように激しく批判した。

○盛なるかないわゆる帝国主義の流行や、勢い燎原の火の如く然り。世界万邦皆なその膝下に慴伏し、これを賛美し崇拝し奉持せざるなし。

○見よ英国の朝野は挙げてこれが信徒たり、独逸の好戦皇帝は熾《さかん》にこれを鼓吹せり、露国は固よりこれをもってその伝来の政策と称せらる、而して仏や襖や伊や、また頗るこれを喜ぶ、かの米国の如きすら近来甚だこれを学ばんとするに似たり。而して我日本に至っても、日清戦役の大捷以来、上下これに向って熱狂する、悍馬の軛を脱するが如し。(『帝国主義』)

だから社会主義はインターナショナルな思想であり、如何なるナショナリズムの現れにも反対する思想だったのである。また、だから、第一次世界大戦が始まり、各国の社会主義者たちが「愛国」を口にした時、論理必然的に終焉を迎えたのである。

ただ絶対平和主義としての社会主義は、一挙に全てが終焉を迎えたわけではなかった。第一次大戦が勃発しても、戦争反対をとなえ続ける道を選んだ、ごく少数の社会主義者たちがいた。カール・ループクネヒト(独)やローザ・ルクセンブルグ(独)やウラジミール・レーニン(露)といった人たちだった。しかもただ生き残ったのではない。大戦が総力戦の様相を呈し、多くの国で厭戦気分が蔓延し始めると、彼らは逆にその影響力を増していった。そして一九一七年一一月七日、遂にロシアにおいて、自らの政権（ソビエト）を樹立するにいたったのである。絶対平和主義としての社会主義は、第一次大戦を生き延びたのである。第二インターナショナルは一旦消滅したが、代わりに第三インターナショナル（コミンテルン）が生まれた。

しかしそこで一つの逆説が生まれた。社会主義者が国家をつくってしまったために、社会主義がナショナリズムとの結合を始めたのである。やがて世界の社会主義者たちにとって、ソビエト防衛のための戦いだけは、例外的に許される戦争となり、ロシアナショナリズムだけは肯定されるべきナショナリズムとなっていった。

しかも一旦そうなると、様々なナショナリズムが社会主義に合流してきた。民族自決権を楯に、欧米列強に対して民族独立運動を闘う人々にとっては、社会主義こそが援軍であった。いつの間にか社会主義はナショナリズムと最も親和的な思想になってしまっていたのである。これは明らかな逆説であった。

そしてその逆説は、社会主義者たちも十分に理解していた。その結果彼らはナショナリズムの方ではなく、インターナショナリズムの方を放棄したのである。一九四三年、第二次大戦の最中、スターリンはコミンテルンを解散し、名実共に社会主義が反ナショナリズムの思想＝インターナショナリズムであることを放棄した。そして後はソビエト国家として「大祖国戦争」を戦い抜き、アメリカと並ぶ「超大国」への道をひた走りに走ったのである。

では社会主義がインターナショナリズムであることを止めたとき、絶対平和主義もまた自動的に消滅したのだろうか。必ずしもそうはならなかった。多少比喩的な言い方をすれば、それは様々な新たな宿りを求めて、社会主義国ソ連という「伏魔殿」をあとに、やがて「梁山泊」での再会を期して、四方に飛び散ったのである。

そしてそれが見つけた一つの宿りが日本国憲法であった。とりわけその前文と第九条であった。そこには、勝つためではなく、ただ戦うためだけの戦争に駆り出され、侵略者の汚名を着せられ、傷つき、倒れた多くの国民がいたからであった。国民のほぼ三分の一が、熱狂的な絶対平和主義の支持者になった。そして絶対平和主義が定着すれば、それを追うかのように社会主義も広がった。戦後日本においては、絶対平和主義——非武装中立論——を唱える社会主義政党が、二大政党制の一翼を担うという事態が発生したのである。それにともない、様々な社会主義が正統を争いながら簇生する思想状況も生まれた。

ただ残念なことに、その支持者が三分の一を上回ることはなかった。そして重要なことは、それが、結果的に、この国の「民主主義」を、機能不全に陥れてしまったことであった。

まず三分の一を越えないから、その絶対平和主義を掲げる社会主義者たちが単独で政権を担うことはなかった。加えて、彼らの台頭に危機感を抱いた保守勢力が、保守合同（一九五五年）ということをやってしまったために、保守勢力の中でも、政権交代ということが起こらなくなってしまった。当然社会主義者がキャスティングボートを握ることもなくなった。政党政治が政党政治として機能しない状況が生まれてしまったのである。政党間の政権交代のない政党政治などあり得ないからである。独裁国家においてしか考えられない、単一政党の永久政権が実現してしまったのである。それは明らかに「民主主義」の劣化であり、機能不全であった。

俗に言われる「五五年体制」＝自（民）・社（会）二大政党制の確立と同時に、かつて「世界最終戦争」の遂行に狂奔し、戦後は一転日本国憲法の「平和主義」を積極的に受け入れたこの国の支配層が、またもや一転日本国憲法体制の「脱構築」を考え始めるのは、そのことへの見通しが立ったからであった。獲得した政党政治の現実は、「世界最終戦争」を戦ってまで彼らの目指したそれとは、およそ様相を異にしていたからであった。政党政治を制度化した日本国憲法体制があればこそ永久政権を保証された自由民主党の内部から、憲法改正論が噴出した理由が、その辺りにあった。

ただ「伏魔殿」を飛び立った一〇八星の一つが、日本国憲法に宿りを求めたことが日本の「民主主義」や「立憲主義」にとって悪いことだったかというと、私は必ずしもそうは思わない。なぜそう思わないかの詳細は、稿を改めて何れ述べるが、とりあえずは絶対平和主義は、二〇世紀が我々に残した良質な歴史遺産であり、今改めてその必要が問われ始めているからである。

そこで想い出してほしいのは、アインシュタインやオッペンハイマーや湯川秀樹など、戦前期核兵器の開発に血道を上げた人たちの多くが、第二次大戦＝「世界最終戦争」後、核廃絶論者になった事実であり、二〇〇八年アメリカ大統領に就任したバラク・オバマが、最初に世界に発したメッセージが「核なき世界」（二〇〇九年、於プラハ）の実現であったことである。

世界平和の前提を「世界最終戦争」の帰結としての「超大国」の存在と、「超大国」による核独占に置く考え方が、今や限界に突き当たり始めている。北朝鮮の核開発に見られる核拡散への恐怖や、チェルノブイリ原発事故や福島第一原発事故で露呈した核管理の困難さが、それを加速している。ならば今世界は改めて、世界平和の実現方法について、思想的模索を始めなくてはならない時点に来ている。その中で、二〇世紀の歴史遺産絶対平和主義は、必ず見直されなくてはならない考え方になるからである。

確かに戦後「民主主義」の機能不全は乗り越えなくてはならない。しかしその乗り越え方が、日本国憲法体制の放棄だとは限らない。日本は第二次大戦の敗戦国として世界の平和に責任を負う大国である。その大国には大国なりの振る舞いがなくてはならないことにも、我々は留意しなくてはならないのである。

むすびに

改めてもう一度いうが、憲法とは死者の輿論の謂いである。従って現代人がそう勝手気ままに制定したり、変えたりしていいものではない。一旦制定すれば、むしろ「不磨の大典」として変えないのが本来である。最近の自由民主党を中心とする改憲の動きの中で、変え易いところから変えて、憲法を変えることに対する国民の抵抗感をまずなくすところから始めようなどといったことがいわれているようだが、もし本当なら、ナンセンスの極みである。「立憲主義」の祖国イギリスが、今さら変えようのない「慣習法」をもって憲法とし、憲法を不変・不動の地位においていることの智慧こそ、学ぶべきである。

従って憲法を制定したり、変えたりするときには、最低限一つのことが必要になる。それは、死者と対話し、死者の輿論を聞きとるということである。だから大日本帝国憲法は、明治天皇が、「皇祖皇宗ノ後裔ニ貽シタマヘル統治ノ洪範ヲ紹述スル」ことで成立したし、日本国憲法は、第二次大戦で非業の死を遂げた人々の無念を汲み、「政府の行為によつて再び戦争の惨禍が起ることのないやうにすることを決意」することで成立したのである。

当然、死者の声を聞くなどといったことは実際にはできない。しかしそれを聞いたかのように装うための、しかも大方の人の納得の得られるイデオロギーはつくれる。しかも荻生徂徠や本居宣長や平田篤胤の名をあげるまでもなく、この国にはその種のイデオロギーを構築し、更新してきた歴史がある。そのイデオロギーの構築を土台にしなければ、憲法は、制定することも、変えることもできないのである。

そしてそうなると気になるのが、次の一文である。

日本国は、長い歴史と固有の文化を持ち、国民統合の象徴である天皇を戴く国家であって、国民主権の下、立法、行政及び司法の三権分立に基づいて統治される。

我が国は、先の大戦による荒廃や幾多の大災害を乗り越えて発展し、今や国際社会において重要な地位を占めており、平和主義の下、諸外国との友好関係を増進し、世界の平和と繁栄に貢献する。

日本国民は、国と郷土を誇りと気概を持って自ら守り、基本的人権を尊重するとともに、和を尊び、家族や社会全体が互いに助け合って国家を形成する。

我々は、自由と規律を重んじ、美しい国土と自然環境を守りつつ、教育や科学技術を振興し、活力ある経済活動を通じて国を成長させる。

日本国民は、良き伝統と我々の国家を末永く子孫に継承するため、ここに、この憲法を制定する。

これは自由民主党の作成した「日本国憲法改正草案」の「前文」であるが、ここに死者の輿論（声）を聞こうとする姿勢は、全く見られない。現代日本の達成に対する過剰なまでの自負だけが前面に出ている。大日本帝国憲法の制定を自らの功績とはせず、自らの行ったことはただひたすら「皇祖皇宗ノ遺訓」を「紹述」しただけだとした、死者と相対したときの明治天皇の謙虚さは、ここには見られない。はたしてこれで憲法になるのだろうかというのが、今の私の感想である。かかる「憲法改正草案」が憲法になったとき、日本には憲法がなくなるのではないだろうか。八百年にも及ぶこの国の「立憲主義」の伝統が、ようやく途絶えるときが来るのではないだろうかというのが、私の心配である。それは、慈円以来、この国の「立憲主義」の伝統を築いてきた多くの人たちの霊に、今一度の蘇生を祈願したいぐらいの気持ちである。

確かに今この国は、日本国憲法体制下で、数多くの矛盾を抱えている。例えば日本国憲法体制下において余りに激しく、国家と個人の間に位置する中間団体の自立・自助を破壊してきてしまったために、人が地方に住まなくなり、人が生まれなくなってきている。やがて少子高齢化の中で自滅していくこの国の姿を、多くの人が予言している。今すぐにでも対処しなくてはならない大問題だ。

そして自民党の「憲法改正草案」は、そのことへの対処を強く意識している。「個人」という言葉の使用を極力避け、代わって「人」という言葉を用い、「和を尊び、家族や社会」を大切にするタイプの人を、人の理念型として措定している。憲法の力を借りて中間団体の復興をはかろうとしているかのようである。

第八章「地方自治」に「地方自治の本旨」と銘打ち、日本国憲法にはない次の第九二条を挿入したのはそのためだろう。

第九二条　地方自治は、住民の参画を基本とし、住民に身近な行政を自主的、自立的かつ総合的に実施することを旨として行う。

住民は、その属する地方自治体の役務の提供を等しく受ける権利を有し、その負担を公平に分担する義務を負う。

明らかに、戦前期地方自治制下にあった、有給吏員ではなく、住民自身の力で自治行政を運営していくことを自治の原則とする、「名誉職自治」の考え方の復活がはかられている。それと広域自治体の設定との矛盾をどう解消するかについての答えはないが。

危機感の深さは分かる。ただ押し付け憲法批判を梃子にした憲法改正で、かかる問題を一挙に解決しようというのは、少し短慮に過ぎるのではないだろうか。改正を行うならこうした問題の解決を、死者たちの輿論（遺言）として行うに足るイデオロギーの方を、先に語るべきではないだろうか。

見てきたように、日本国憲法は、「神武創業」以来この国に生きた全ての人たち（死者）の輿論の結晶であった大日本帝国憲法から正当性を引き継ぎ、さらには恒久平和の実現のために戦われた「世界最終戦争」の、敵味方を問わない、厖大な犠牲者たちの無念を引き受けることによって成立した憲法である。

日本人にとっては、勝つためではない、ただ戦うためだけの戦争（「世界最終戦争」）にかり出されて、非業の死を遂げた三〇〇万同胞の、もう二度とこのような戦争をしてくれるなとの思いを託されて受け入れた憲法である。決して単なる押し付け憲法ではない。

そのような憲法を変えようというのであれば、やはり新たな歴史上の死者との向き合い方の確立を先にしなくてはならないのではないか。それなしの改憲はやはりナンセンスである。しかし自民党の「日本国憲法改正草案」にその志向は見られない。それでは、改憲をしても、結局、憲法を普通の法律の地位にまで貶め、この国から「立憲主義」の伝統を奪い去ることにしかならないのではないか。私はそれを危惧する。

ましていわんや日本の国益追求を、憲法を貫く第一の価値などにしてはならない。既に一二〇年前――日清戦争の直前――に福沢諭吉が次のように述べていた如く、ナショナルな価値の本質は、どう言い繕ってみても「人間の私情」「哲学流に解すれば純乎たる人類の私情」であって、「天然の公道」ではない。

立国は……都て是れ人間の私情に生じたることにして天然の公道に非ずと雖も、開闢以来今日に至るまで世界中の事相を観るに、各種の人民相分れて一群を成し、其一群中に言語文字を共にし、歴史口碑を共にし、婚姻相通じ、交際相親しみ、飲食衣服の物、都て其趣を同うして、自から苦楽を共にするときは、復た離散すること能はず。即ち国を立て又政府を設る所以にして、既に一国の名を成すときは人民はますます之に固着して自他の分を明にし、他国他政府に対しては恰も痛痒相感ぜざるが如くなるのみならず、陰陽表裏共に自家の利益栄誉を主張して殆んど至らざる所なく、其これを主張することいよいよ盛なる者に附するに忠君愛国等の名を以てして、国民最上の美徳と称するこそ不思議なれ。故に忠君愛国の文字は哲学流に解すれば純乎たる人類の私情なれども、今日までの世界の事情に於ては之を称して美徳と云はざるを得ず。即ち哲学の私情は立国の公道にして……(『瘠我慢の説』)

確かに福沢は「哲学の私情」ではあるが「立国の公道」だといって、ナショナリズムを積極的に肯定する立場からこの文章を書いている。その意味ではこれほど自虐的な文章はない。しかしその福沢の肯定したナショナリズムが二度の世界大戦をひき起こし、その相克を乗り越える方法が、一度はパクスアメリカーナとして確立された後の時代に、我々は生きている。

我々にとってはやはりナショナリズムは、「純乎たる人類の私情」であって「立国の公道」ではないのである。「私情」は必要だし、守られなくてはならない。しかしそれを「立国」の第一の価値にしてはならないのである。

その意味では日本国憲法前文のレベルを、この福沢の「瘠我慢の説」のレベルに引き戻してはならないのである。

但し最後に一言付け加えておかなくてはならないのは、私は、今述べたように今回の自民党の憲法改正草案には基本的に反対であるが、自民党が憲法改正を提起すること自体に反対する気はないということである。ルソー流に言えば「沈黙は暗黙の承認を意味する。主権者が法律を廃止することができるのに、それを廃止しない場合には、彼はたえずその法律を確認しているものとみなされる」。このルールに基づいて長年存続してきた法が、原理的に言えば、死者の輿論であり憲法なのである。従ってそれは、常にそれを廃止しようとする動きに曝され、にもかかわらず「法律を廃止することができるのに、それを廃止しない」多くの「主権者」の積極的な支持を得てこその憲法だということになるからである。憲法改正をいい出すこと自体を抑制することは、逆に死者の輿論としての憲法の支配力を弱めることにつながるからである。

安倍内閣は既に撤退戦に入っている。それは憲法改正を行うことなく安保法制を制定し、集団的自衛権の行使容認に踏み切ってしまったからである。ならば憲法改正を行う必要はどこにあるのか。原理的に考えれば、その問いに答えられなくなってしまったからである。個別的であれ、集団的であれ、自衛権の行使は現憲法下で一〇〇パーセント認められているというのである。ならばこの先、憲法を改正してまで、それを可能にしなくてはならない戦争には、どのような戦争があるのだろうか。パリ不戦条約以降の世界においてそれは侵略戦争しか残っていない。それを可能にしようとでも言うつもりなのだろうか、ということになってしまうからである。

我々は決して弱くない。力は拮抗しているというべきか。これから行われようとしている護憲＝改憲の論争が、この国の国民の精神生活をより豊かなものにすることを願って、私も「道理詮」に参加すべく、一つの立場、一つの見解を「申ヒラ」く。

【参考・引用文献一覧】

会沢安『新論』『日本思想大系』五三、岩波書店、一九七三年。

『芦田均日記』第一巻、岩波書店、一九八六年。

家永三郎『美濃部達吉の思想史的研究』岩波書店、一九六四年。

イエリネック『一般国家学』学陽書房、一九七四年。

石川一三夫『近代日本の名望家と自治』木鐸社、一九八七年。

石原莞爾「最終戦争論」(一九四〇年)『最終戦争論』経済往来社、一九七二年。

石原莞爾「「最終戦争論」に関する質疑回答」(一九四一年)『最終戦争論』経済往来社、一九七二年。

石原莞爾「「戦争史大観」の由来記」(一九四一年)『最終戦争論』経済往来社、一九七二年。

石原莞爾「敗戦の日に東亜連盟会員に訴う」(一九四五年)『最終戦争論』経済往来社、一九七二年。

伊藤博文著・宮沢俊義校注『憲法義解』岩波文庫、一九四〇年。

井上毅「君主循法主義意見」(一八九三年)井上毅伝記編纂委員会『井上毅伝』資料篇第二、国学院大学図書館、一九六八年。

岩倉公旧蹟保存会『岩倉公実記』一九二七年。

『岩波講座　憲法』第一巻~第六巻、岩波書店、二〇〇七年。

ウォーラスティン『近代世界システムⅠ』岩波現代選書、一九八一年。

顯原善徳「日本国憲法の最高法規性に対する疑問」小路田泰直他編『憲法と歴史学—憲法改正論争の始まりに際して』ゆまに書房、二〇〇四年。

大石眞『日本憲法史』有斐閣、一九九五年。

「大隈重信奏議書」『大隈重信関係文書』四、日本史籍協会、東京大学出版会、一九三四年。

荻生徂徠『弁道』『日本思想大系』三六、岩波書店、一九七三年。

荻生徂徠『政談』『日本思想大系』三六、岩波書店、一九七三年。

荻生徂徠『弁名』『日本思想大系』三六、岩波書店、一九七三年。

奥村弘「公民権・名誉職制・等級選挙制—地域社会編成からみた明治憲法体制」京都大学人文科学研究所紀要『人文学報』六七号、一九九〇年。

小此木真三郎『ファシズムの誕生』青木書店、一九九〇年。

小関素明『日本近代主権と立憲政体構想』日本評論社、二〇一四年。

折原浩『マックス・ヴェーバーにとって社会学とは何か—歴史研究への基礎的予備学』勁草書房、二〇〇七年。

カール・シュミット『現代議会主義の精神史的状況』岩波文庫、二〇一五年。

川勝平太『日本文明と近代西洋—「鎖国」再考』NHKブックス、一九九一年。

北一輝「日本改造法案大綱」『北一輝著作集』第二巻、みすず書房、二〇〇〇年。

北畠親房『神皇正統記』『日本古典文学大系』八七、岩波書店、一九六五年。

「建武式目条々」『日本思想大系』二一、岩波書店、一九七二年。

幸徳秋水『社会主義神髄』岩波文庫、一九五三年。

幸徳秋水『帝国主義』岩波文庫、二〇〇四年。

国学院大学日本文化研究所『近代日本法制史料集』第一、国学院大学、一九七九年。

『古事記』『日本思想大系』第一巻、岩波書店、一九八二年。

小路田泰直『日本近代都市史研究序説』柏書房、一九九〇年。

小路田泰直「大日本帝国憲法と日本国憲法」小路田泰直他編『憲法と歴史学―憲法改正論争の始まりに際して』ゆまに書房、二〇〇四年。

小路田泰直『国家の語り方―歴史学からの憲法解釈』勁草書房、二〇〇六年。

小路田泰直編『比較歴史社会学へのいざない―マックス・ヴェーバーを知の交流点として』勁草書房、二〇〇九年。

小路田泰直『日本近代の起源―三・一一の必然を求めて』啓文舎、二〇一五年。

「西郷吉之助建白書」『大隈文書』第一巻、早稲田大学社会科学研究所、一九六三年。

慈円『愚管抄』『日本古典文学大系』八六、岩波書店、一九六七年。

自由民主党「日本国憲法改正草案」二〇一二年。

『昭和天皇独白録　寺崎英成・御用掛日記』文芸春秋、一九九一年。

衆議院事務局『第九十帝国議会　衆議院、帝国憲法改正委員小委員会速記録』一九九五年。

『枢密院会議議事録』第一巻（明治二一年上）東京大学出版会、一九八四年。

鈴木昭典『日本国憲法を生んだ密室の九日間』創元社、一九九五年。

鈴木正幸『国民国家と天皇制』校倉書房、二〇〇〇年。

住友陽文『皇国日本のデモクラシー―個人創造の思想史』有志社、二〇一一年。

高橋美由紀『伊勢神道の成立と展開』大明堂、一九九四年。

『日本書紀』『日本古典文学大系』上・下、岩波書店、一九六五・一九六七年。

東京大学史料編纂所『復古記』一〜一五巻、東京大学出版会、一九七四〜一九七五年。

「党報」『自由党報』第一号、一八九一年一〇月。

『徳川禁令考』前集、創元社、一九五九年。

長尾龍一『日本思想史研究』創文社、一九八一年。

長尾龍一『日本憲法思想史』講談社学術文庫、一九九六年。

林尚之他編『立憲主義の「危機」とは何か』すずさわ書店、二〇一五年。

『原敬日記』⑧、乾元社、一九五〇年。

樋口陽一『憲法と国家』岩波新書、一九九九年。

樋口陽一『憲法という作為―「人」と「市民」の連関と緊張』岩波書店、二〇〇九年。

樋口陽一『いま、憲法改正をどう考えるか―「戦後日本」を「保守」することの意味』岩波書店、二〇一三年。

平田篤胤『天柱記』『日本思想大系』第五〇巻、一九七三年。

平田篤胤『霊の御柱』『日本思想大系』第五〇巻、一九七三年。

福沢諭吉『国会論』『福沢諭吉全集』第五巻、岩波書店、一九五九年。

福沢諭吉『民情一新』『福沢諭吉全集』第五巻、岩波書店、一九五九年。

福沢諭吉『時事小言』『福沢諭吉全集』第五巻、岩波書店、一九五九年。

福沢諭吉『瘠我慢の説』『福沢諭吉全集』第六巻、岩波書店、一九五九年。

藤田幽谷『勧農或問』日本史籍協会『藤田幽谷関係史料』一、東京大学出版会、一九七七年。

藤田幽谷『丁巳封事』『日本思想大系』五三、岩波書店、一九七三年。

藤田幽谷『正名論』『日本思想大系』五三、岩波書店、一九七三年。

「北条泰時消息」(貞永一年九月一一日)『日本思想大系』二一、岩波書店、一九七二年。

法然『選択本願念仏集』岩波文庫、一九九七年。

『法華経』上・中・下、岩波文庫、一九七六年。

ホッブス『リヴァイアサン』一～四、岩波文庫、一九八二～一九九二年。

穂積八束「法典及人格」(一八九三年)上杉慎吉編『穂積八束博士論文集』一九一三年。

穂積八束「帝国憲法ノ法理」(一八八九年)上杉慎吉編『穂積八束博士論文集』一九一三年。

穂積八束「代人関係ト代表関係トノ区別」(一九〇六年)上杉慎吉編『穂積八束博士論文集』一九一三年。

穂積八束『憲政大意』日本評論社、一九三五年。

丸山真男『日本政治思想史研究』東京大学出版会、一九五二年。

美濃部達吉『憲法講話』有斐閣、一九一二年。

美濃部達吉『時事憲法問題批判』法制時報社、一九二一年。

美濃部達吉「選挙革正論」（一九二九年）美濃部達吉『現代憲政評論』岩波書店、一九三〇年。

美濃部達吉『憲法撮要』有斐閣、一九三三年。

美濃部達吉『憲法と政党』日本評論社、一九三四年。

美濃部達吉『日本憲法の基本主義』日本評論社、一九三四年。

美濃部達吉「我が議会制度の前途」（一九三三年）美濃部達吉『議会政治の検討』日本評論社、一九三四年。

美濃部達吉「非常時日本の政治機構」（一九三三年）『議会政治の検討』日本評論社、一九三四年。

美濃部達吉「政党政治の将来」（一九三四年）『議会政治の検討』日本評論社、一九三四年。

美濃部達吉『新憲法概論』有斐閣、一九四七年。

美濃部達吉『議会制度論』日本評論社、一九四九年。

『明治天皇紀』第八、吉川弘文館、一九七四年。

本居宣長『直毘霊』『本居宣長全集』第九巻、筑摩書房、一九六八年。

本居宣長『古事記伝』一之巻『本居宣長全集』第九巻、筑摩書房、一九六八年。

本居宣長『玉くしげ』『本居宣長全集』第八巻、筑摩書房、一九七二年。

八ヶ代美佳『近代における「改革」と「革命」―北一輝、そして孫文を素材に』（奈良女子大学二〇一四年学位論文）

『倭姫命世記』『日本思想大系』第一九巻、岩波書店、一九七七年。

横井小楠『国是三論』『日本思想大系』五五、岩波書店、一九七一年。

ルソー『社会契約論』岩波文庫、一九五四年。

渡辺治『日本国憲法改「正」史』日本評論社、一九八七年。

小路田泰直（こじた・やすなお）

1954年、兵庫県生まれ。1984年、京都大学大学院文学研究科博士後期課程単位取得退学。現在、奈良女子大学文学部教授。著書に、『日本近代の起源―三・一一の必然を求めて』（啓文舎、2015年）、『比較歴史社会学へのいざない』（共著、勁草書房、2009年）、『邪馬台国と「鉄の道」』（洋泉社、2011年）、『日本史の思想―アジア主義と日本主義の相克』（柏書房、新装版、2012年）、『神々の革命―「古事記」を深層から読み直す』（かもがわ出版、2012年）など多数。

日本憲法史　八百年の伝統と日本国憲法

2016年4月30日　第1刷発行

©著者　小路田泰直
発行者　竹村正治
発行所　株式会社　かもがわ出版
〒602-8119　京都市上京区堀川通出水西入
TEL 075-432-2868 FAX 075-432-2869
振替　01010-5-12436
ホームページ　http://www.kamogawa.co.jp
印刷所　シナノ書籍印刷株式会社

ISBN978-4-7803-0838-9　C0321